ROBERTO BOSSAGLIA

Eine andere Szene
Un'altra scena

Münchner Stadtmuseum | Sammlung Fotografie

Die Matrix einer Stadt

Zu den München-Fotografien von Roberto Bossaglia

Mit der Ausstellung „eine andere Szene – un'altra scena" von Roberto Bossaglia werden die Ergebnisse eines zweimonatigen Arbeitsaufenthaltes vorgestellt, den der renommierte italienische Fotograf und langjährige Lehrer für Fotografie an der römischen Hochschule der Schönen Künste in der Villa Waldberta in Feldafing 2008 und 2009 auf Initiative der Sammlung Fotografie des Münchner Stadtmuseums verbracht hat. Roberto Bossaglia hat während dieser Wochen das Stadtgebiet und insbesondere die Peripherie mit ihren Neubaugebieten, die in den vergangenen zehn Jahren auf früheren Brachflächen errichtet worden sind, mit seiner Kamera erkundet. Wie bereits vor ihm John Davies, der sich dem Flusslauf der Isar eingehend gewidmet hat, oder Olivo Barbieri und Boris Mikhailov, die sich auf unterschiedliche Weise mit der bayerischen Landschaft und ihren Bewohnern beschäftigt haben, hat sich Bossaglia mit dem Blick eines Außenstehenden dem Münchner Stadtgebiet genähert. Die Erkundung der Stadt, frei nach dem Motto „Incontrare la città", hat er als eine Begegnung verstanden, die weitgehend frei von dem historischen Wissen um die spezifischen Funktionszusammenhänge von Leben, Arbeit und Freizeit stattgefunden hat und die urbanen Einrichtungen mit unbefangenem Blick wahrnimmt. Von vorbehaltloser Neugier hat Bossaglia sich leiten lassen und sich mit den Zeichen einer Stadtarchitektur auseinandergesetzt, die den Blick des Fremden auf das Vertraute widerspiegelt. Wie ein Flaneur hat er versucht, sich der Umgebung weitgehend intuitiv zu nähern, ohne festgelegte Konzeption, wohl aber gebildet durch ein Sehen und Denken, dem die strukturalistische Wahrnehmung vertraut ist.

Seine Fotografien können wie ein permanenter Diskurs über die Stadt der Gegenwart gelesen werden, wie wir ihn aus den Schriften von Italo Calvino (*Die unsichtbaren Städte),* Richard Sennett (*Civitas. Die Großstadt und die Kultur des Unterschieds*) oder Marc Augés prägnanter Analyse der *Non-Lieux,* sogenannter Nicht-Orte in der modernen Architektur kennen. Bei seinen Spaziergängen durch die Stadtviertel hat Bossaglia besonders das Verhältnis von Leere und Fülle in der Architektur interessiert, die hierarchische Organisation von Architektur, die nicht länger der vertrauten Horizontlinie aus Kirchtürmen und Industrieschornsteinen folgt, sondern weitgehend abgekoppelt vom historischen Stadtzentrum ein Eigenleben führt, das neue urbane Schwerpunkte bildet. Auch das Verhältnis von ländlicher Umgebung und Stadt und die sich daraus ergebenden Kreuzungspunkte zwischen Natur und Architektur sind Gegenstand seiner Untersuchung.

Bossaglias Haltung ist dabei die eines Flaneurs, einer „visione vagabonda", wie er es nennt, die sich auf die Oberfläche der Erscheinungen konzentriert und diese registriert, ohne die städtebaulichen Entwicklungen im Detail zu kennen. Im Unterschied zu Bewohnern, die sich in ihrem Stadtteil dauerhaft eingerichtet haben, nimmt Bossaglia eine Perspektive ein, in der die städtische Umgebung nur wenig mit dem Glanz der barocken oder klassizistischen Wittelsbacher Residenzstadt gemein hat. Ins Zentrum rücken vielmehr zum Teil rätselhafte, nicht einfach wieder zu erkennende Elemente des Stadtbildes. Zweifelsohne ist es ein strukturalistisches Begreifen des Stadtraumes, welches das Formenvokabular der „Möblierung" im öffentlichen Raum sichtbar macht. Manche Motive wirken in ihrer Formgebung wie Kunstwerke, die im Zuge von „Kunst am Bau"-Aktionen im Stadtraum entstanden sein könnten, ihre Existenz aber dem Masterplan eines Architekturbüros verdanken.

Natürlich ist es der Blick eines in einer mediterranen Metropole sozialisierten Künstlers, der ein besonderes Gespür entwickelt hat für das Spannungsfeld zwischen der Moderne und dem historischen Gedächtnis einer Stadt, der „Memoria della città". Bossaglia konzentriert sich auf die Zeichen der Stadtlandschaft und fotografiert zu einer Jahreszeit, in der eine üppig blühende Natur den Blick auf die Architektur nicht verstellt, sondern sie in ihrer reinen Form sichtbar werden lässt. Meisterhaft ist seine subtile Beobachtung der Lichtverhältnisse, der wachsenden Schatten und der sich daraus verändernden Wahrnehmung von Gebäuden.

Um Bossaglias Vision der Stadt besser verstehen zu können, sei in Kürze die Entwicklung des urbanen Erscheinungsbildes skizziert: Zentral für das Verständnis der Münchner Situation ist die unmittelbare Nachkriegszeit und der damit verbundene Wiederaufbau einer kriegszerstörten Stadt, die durch Bombenangriffe bis zu 60 Prozent ihrer historischen Bausubstanz eingebüßt hat. In einer Denkschrift von 1946 hieß es: «Wir müssen versuchen, möglichst viel von dem Geiste und dem Gefüge der alten Stadt in die neue Zeit hinüberzuretten. [...] Wir müssen uns klar sein, dass nur das Münchnerische als charakteristisches Lebenselement München eines Tages wieder zum Anziehungspunkt für den internationalen Fremdenverkehr machen kann. Darum soll die Stadt auch äußerlich wieder die symbolische Form für das Empfinden und Denken ihrer Bewohner werden»[1].

Auch wenn hier nicht der Platz ist, die erfolgreich abgeschlossene Rekonstruktion des inneren Stadtkerns im Detail zu würdigen, so sei doch darauf verwiesen, dass München im Vergleich zu modernen Metropolen, die auf einen vollkommenen Neuanfang gesetzt haben, von Kritikern gerne als eine Stadt wahrgenommen wird, die sich letztendlich für einen konservativen Weg entschieden hat. Wie wenig diese Auffassung der gegenwärtigen Situation gerecht wird, veranschaulichen die zahlreichen Neubauten und aktuellen Entwicklungen im Stadtbild. Den entscheidenden historischen Impuls für eine Neuorientierung haben zweifelsohne die Olympischen Spiele von 1972 gegeben, die eine grundlegende Veränderung in der Verkehrsplanung und im Wohnungsbau eingeleitet haben und das international bedeutende Olympiagelände hervorgebracht haben. Andere Gebäude wie das BMW-Haus, der sogenannte Vierzylinder mitsamt Museum, der „Schüssel", haben ebenso wie die Hypo-Verwaltungszentrale ein futuristisch anmutendes Ensemble geschaffen, das seiner Zeit damals weit voraus schien. Aus heutiger Perspektive werden diese Bauwerke allerdings bereits als „historisch" empfunden und einem Parcours der «Architektur der Erinnerung» einverleibt[2].

Die städtebaulichen Akzente der Gegenwart werden dagegen gesetzt von zahlreichen Hochhäusern, die am Mittleren Ring, der Stadtautobahn, die kreisförmig den Innenstadtbereich umschließt, gelegen sind. Die neuen Bürohochhäuser aus Stahl und Glas, die nach einer in der Stadtgesellschaft ausgesprochen kontrovers geführten

1_ Zit. nach Norbert Huse, *Kleine Kunstgeschichte Münchens*, München 2009 (4.Aufl.), S. 218f.
2_ Vgl. www.muenchenarchitektur.com

Debatte ihre geplante Höhe von 145 Metern reduzieren mussten und eine Gesamthöhe von 100 Metern nicht überschreiten durften, haben sich zu den landmarks des zeitgenössischen Stadtbildes entwickelt. Sie sind mit jenen klassischen ludovizianischen Sichtachsen und Monumenten verschmolzen, die das Stadtbild seit Jahrhunderten prägen. Allein die Bezeichnung „Skyline-Tower" verweist auf die selbstbewusste Präsenz einer Architektur, die bereits in der Planungsphase als Ensemble mit einem „hohen Wiedererkennungswert" gekennzeichnet worden ist.

In den letzten zwei Jahrzehnten haben in München viele international bekannte Architekturbüros ihre Spuren hinterlassen. Von Murphy-Jahn (Chicago) der Flughafen Terminal und Hochhäuser, von Norman Foster (London) der Um- und Erweiterungsbau der Städtischen Galerie im Lenbachhaus, von Sauerbruch-Hutton (London) der Neubau des Museums Brandhorst und die Zentrale des ADAC in Sendling-Westpark, die 2011 fertig gestellt werden soll, sowie von Allmann-Sattler-Wappner die Herz-Jesu-Kirche und das Hochhaus am Münchner Tor, um hier nur einige der Architekturbüros zu nennen, die ebenso Peter Böhms Hochschule für Fernsehen und Film und das Ägyptische Museum, Wolfgang Braunfels' Pinakothek der Moderne, die Ohel-Jakob-Synagoge und das Jüdische Museum von Wandel-Hoefer-Lorch, den Swiss Re-Gebäudekomplex von Bothe-Richter-Teherani (Hamburg) und die BMW-Welt von Coop Himmelblau mit einschließt. Einige dieser modernen Architekturen hat Roberto Bossaglia auf seinen Stadtspaziergängen aufgesucht. Außerdem hat er in jenen Stadtvierteln fotografiert, die im vergangenen Jahrzehnt durch die Umwandlung von Brachflächen sowie ehemaliger Industrie- und Bahngelände nach dem städtischen Leitbild für künftige Siedlungsstrukturen gemäß dem Motto „kompakt, urban, grün" realisiert worden sind. Dazu gehören das im Zuge der BUGA 2005 auf dem alten Flughafengelände neu errichtete Stadtviertel München-Riem, die Wohnanlagen am Alten Messegelände, die Wohnquartiere an der Friedenheimer Brücke/Am Hirschgarten und am Arnulfpark, die auf Grund des ständig wachsenden Bedarfes an Wohnraum durch eine effiziente Nutzung von Innenstadtflächen geschaffen worden sind.

Natürlich haben sich die Beziehungen zwischen Stadtzentrum und Peripherie, genauer gesagt, den Subzentren, die sich um den historischen Stadtkern gebildet haben und sich dank einer Infrastruktur aus Erholung- und Grünflächen mit Einkaufszentren als autarke Stadtteile behauptet haben, grundlegend geändert. Die Stadtplanung greift heute auf CAD-gestützte Programme zurück und simuliert auf diese Weise das Leben im Viertel, ähnlich wie die Statik und Belastbarkeit von Gebäuden auf diese Weise geprüft werden.

Heute leben in München etwa 1,36 Millionen Einwohner, davon sind ein Viertel Ausländer. München gilt als Single-Stadt, gerade einmal ein Sechstel der Bevölkerung lebt in Haushalten mit Kindern. Als eine der attraktivsten Metropolen, nicht nur in Deutschland, sondern auch im internationalen Vergleich, scheint die Stadt sich in ihrem äußeren Erscheinungsbild neu zu definieren. Roberto Bossaglia hat die Matrix dieser modernen Stadt freigelegt, die sich von den herkömmlichen Stereotypen Münchens wie „Weltstadt mit Herz" oder „Millionendorf" sichtbar absetzt.

GIACOMO DANIELE FRAGAPANE
Street Views

Die "andere Szene" von Roberto Bossaglia

Die fotografische Vedute des späten 20. Jahrhunderts und der ersten Jahre des neuen Jahrtausends scheint auf das Versiegen der wichtigen Phase des 19. Jahrhunderts und des beginnenden 20. Jahrhunderts der Landschaftsfotografie reagiert zu haben. Vielleicht sollte ich aber von zeitgenössischem Vedutismus *tout court* sprechen, lebt diese für den modernen abendländischen Blick so typische «symbolische Form» heute tatsächlich nur in der Gattung der Fotografie weiter. Laut Jameson, entwickelte sie eine «seltsame Form kompensatorischer, dekorativer Euphorie»[1], gezeichnet von der manchmal spielerischen, manchmal unruhigen oder auch gequälten Koexistenz, zwischen innovativem Ansporn und regressivem Auftreten. Wie Baudrillard schreibt, geschieht dies unter der Ägide einer weit verbreiteten, alles umfassenden «Ästhetik der Ernüchterung»[2], die sich als eine Art Fluchtlinie angesichts der Unbeugsamkeit einer Realität manifestiert, die jede systematische Strukturierung zu übertreffen scheint, und so das Verstehen ihrer tiefen Prinzipien und Evolutionsprozesse unmöglich macht. Was das betrifft, ist die Stadtvedute beispielhaft. Aus dem überentwickelten Babylon entstanden und in andauernder Expansion, scheint die postmoderne Stadt effektiv der Logik zu folgen, sie geht über die antiken Anthropologien der Landschaft «nach menschlichem Maß» hinaus, die bewohnbar, verkehrsgerecht, messbar, geschichtsträchtig, kurz und gut, direkt in einer analogen kulturellen Dimension erprobbar ist, wie jene, die im Laufe der Jahrhunderte den Blick des klassischen Vedutismus auszeichnete.

Unter diesem Aspekt, vor allem vom Standpunkt der Evolution des Stils aus (der immer ein klares Symptom für die Beziehung zwischen "hehrer" Kunst und Gemeinsinn darstellt, zwischen den ästhetischen Formen der Elite und den weit verbreiteten Kulturprozessen)[3] scheint sich die Leistungsfähigkeit der *Wahrnehmung* des urbanen Raums vollkommen erschöpft zu haben, und zwar im Laufe von mehr als eineinhalb Jahrhunderten Inbesitznahme durch Scharen von *Flâneurs:* zu Beginn Landschaftsmaler und mehr oder weniger akademische Vedutisten, dann Künstler und experimentelle Cineasten, Reporter, und schließlich eine neue Generation

---

1_ Fredric Jameson, *Postmodernismo, ovvero, La logica culturale del tardo capitalismo* (1991, *Postmodernism, or, The Cultural Logic of Late Capitalism*), Fazi, Rom, 2007, S. 27.

2_ «Man hat den Eindruck, dass ein Teil der aktuellen Kunst an der Fernhaltung oder Abschreckung arbeitet, an der Trauerarbeit hinsichtlich der Darstellung und der Vorstellungswelt, an einer ästhetischen Trauerarbeit, die meistens fehlschlägt, was eine generelle Melancholie im künstlerischen Bereich mit sich bringt, in der die Kunst scheinbar im Wiederverwerten der eigenen Geschichte und seiner Überreste zu überleben scheint [...]. Es scheint, dass wir der endlosen Retrospektive dessen zugeteilt sind, was uns voran-gegangen ist». Jean Baudrillard, *Estetica della disillusione* (1997, *Illusion, désillusion esthétiques*), in Valentina Valentini (Hg.), *Allo specchio*, Lithos, Rom, 1998, S. 18.

3_ Diesbezüglich beachte man den außerordentlichen Text von Clifford Geertz mit dem Titel *Ideologia come sistema culturale*, wo der Begriff "Stil" herangezogen wird, um die gegenseitigen Beziehungen zwischen sozialer Realität, Kulturbauten und Ideologie zu klären. Nach Geertz ist die kritische Analyse, besonders jener Bilder, die ideologische Symbole übermitteln, im Stande, Aspekte zu erfassen, die normalerweise den Sozialtheorien entgehen, in dem Maße, in dem «nicht nur die semantische Struktur des Bildes komplexer ist als es zunächst erscheint, sondern die Analyse dieser Struktur uns dazu zwingt, eine Vielzahl an referenziellen Verbindungen zwischen ihnen und der sozialen Realität aufzuspüren, sodass das endgültige Bild jenes einer Konfiguration von verschiedenen Bedeutungen ist, von deren Interpretation die Ausdruckskraft sowie die rhetorische Kraft des schlussendlichen Symbols stammen. Diese Interpretation ist an und für sich ein sozialer Prozess, ein Vorgang nicht "im Kopf", sondern in jenem öffentlichen Leben, wo "die Menschen miteinan-der sprechen, die Dinge bezeichnen, Feststellungen treffen und sich irgendwie verstehen», Clifford Geertz, *Interpretazioni di culture* (1973, *The Interpretation of Cultures*), il Mulino, Bologna, 1998, S. 247-248.

von Vedutisten, immer hermetischer, kälter, mentaler – um sich endlich in einer Menge von Klischees zu verklumpen, die die Stadt wie ein hauptsächlich imaginäres Universum in Szene setzen, wo jeder Raum einem Typisierungs-Prozess unterliegt, der das Auge beim Erkennen der vorgezeichneten Wege führt. Jede Besonderheit scheint zu schwinden, aufgesaugt in einer derartigen «Entkolonialisierungsbewegung»[4], dass jedes Bild einer Stadt in der Übereinstimmung mit der Definition der modernen abendländischen Stadt selbst endet. Im Grunde ist dies das traurige, paradoxe Ergebnis des Weges, der während der Siebzigerjahre des 20. Jahrhunderts von der amerikanischen Gruppe der New Topographics eingeschlagen wurde. Ihr Versuch hat sich dann vernünftigerweise als ziemlich utopistisch herausgestellt, die Stereotypen, die traditionellerweise mit der Landschaftsdarstellung im Westen verbunden sind, kritisch zu interpretieren: eine Operation, die aus der Wiederentdeckung der Stadtgrenzen, der Peripherien, der sich transformierenden Gebiete, die Grundlage eines extremen Versuchs einer «Versöhnung mit der Geographie»[5] angesichts einer immer kurzlebigeren und unsinnigeren Landschaft gemacht hat, verwüstet durch spekulative Interessen aller Art und den universellen Prinzipien des Massenkonsums geopfert.

Es ist klar, dass das Modell der meisten zeitgenössischen Darstellungen jenes der großen nordamerikanischen postindustriellen Metropolen ist, fast als ob die Idee der Stadt nicht anders könne, als mit einer Verdinglichung des ideologischen Paradigmas "Entwicklung-Technologie-Kommunikation" übereinzustimmen. Die Gegenwart hat in diesem Sinne *von Las Vegas gelernt*[6], und zwar sehr viel mehr, als die ersten Theoretiker der Postmoderne befürchtet hatten, die heute auch in ihren apokalyptischsten Vorhersagen, durch die wahrlich monströse Expansion der neuen asiatischen Großstädte oder durch die urbanistischen Operationen der letzten Jahre in Dubai, weit überholt sind: denn dieses Modell hat nicht nur als Beispiel funktioniert, es hat sich auch in unsere Raumwahrnehmung eingeschlichen und so eine Kluft verursacht, die etwas Perverses, Nichtwiedergutzumachendes an sich hat. So geschieht es etwa, dass die klassische Polarisierung zwischen *Zentrum* und *Peripherie*, die Basis der antiken urbanen Struktur, für deren Definition von Identifikation, Grenzen und Funktionen nicht mehr nützlich ist, und infolgedessen auch nicht für die Gestaltung ihrer Ikonographie. In der Tat hat diese inzwischen vor allem mit anderen kulturellen Dynamiken zu tun, anderen Wertskalen, die über die zufälligen Beschränkungen hinausgehen. Im Gegenteil, wie Slavoj Žižek sagen würde, sie verbreiten sich in einer *epidemischen* Bewegung innerhalb einer Realität, die bezüglich der eigenen imaginären Verbreitung peripherisch erscheint.

Die Angelegenheit präsentiert sich aber auch von einem anderen Standpunkt aus, der, was die Fotografie anbelangt, ebenso unumgänglich erscheint. Wie es der gesamte phänomenologische Gedanke offenbart, zeigt sich eine Raumstruktur nie ohne einen Körper. Dieser durchquert und organisiert sie, indem er sich ihr gegenüber als *Schnittstelle* stellt. So ist jede Veränderung einer zweckdienlichen Lebensweise zugleich symptomatisch für eine zweifache Veränderung: für eine Reaktion infolge von Anregungen "von Außen" – für eine Veränderung der «sensomotorischen» Muster unter dem Eindruck des Auges, um es mit den Worten Deleuzes' zu sagen – und für eine konsequente Neukonfiguration des symbolischen "inneren" Raums. In den aktuellen Darstellungen des urbanen Raums scheint sich demzufolge der Zusammenhang zwischen der Raumstruktur und der propriozeptiven Dimension des Körpers[7] in einer Art *pathologischer* Verlegung abzuzeichnen. (Gerade im Versuch einer Definition dieser pathologischen, grundsätzlich schizophrenen Erfahrung der zeitgenössischen Räumlichkeit hat Jameson den äußerst gelungenen Begriff der «sublimen Postmoderne» geprägt). Der topologischen Auflockerung der Orte, die ihrer historisch-politischen Identität beraubt sind, vor allem aber

4_ Paul Virilio, *Città panico. L'altrove comincia qui* (2004, *Ville panique: Ailleurs commence ici*), Raffaello Cortina, Mailand, 2004, S. 35.

5_ Vgl. Robert Adams, *La bellezza in fotografia. Saggi in difesa dei valori tradizionali* (1981, *Beauty in Photography. Essays in Defense of Traditional Values*), Bollati Boringhieri, Turin, 1995.

6_ Vgl. Robert Venturi, *Imparando da Las Vegas* (1972, *Learning from Las Vegas*), in Id., Denise Scott Brown, Steven Izenour, *Imparando da Las Vegas. Il simbolismo dimenticato della forma architettonica*, Cluva, Venedig, 1985.

7_ Vgl. Marc Augé, *Nonluoghi. Introduzione ad una antropologia della surmodernità* (1992, *Non-lieux*), Elèuthera, Mailand, 1993.

ihrer «Wahrheit» und «poetischen» Dimension[8], und die in die Rolle rein logistischer Träger für wirtschaftliche Flüsse und imaginäre Darstellungen verbannt sind, aufgelockert und flüchtig in einem «äußeren» Raum, verbindlich in einem «inneren», entspricht einer bewussten Ablösung der Realität - so verschieden vom Herumschweifen eines modernistischen *Flâneurs*, wie «die Geschwindigkeit eines Raumschiffs von jener eines Automobils»[9].

Dies bietet uns einen weiteren Interpretationsschlüssel zur Idee einer pathologischen Dimension der fotografischen Vision in ihrer postmodernen Phase (in gewisser Weise eine Entwicklung auf stilistischer und visueller Ebene der Idee, nach der «zumindest in der modernen Welt die Mehrzahl der Menschen eine Existenz strukturierter Verzweiflung lebt»[10]). Vor allem in dem Maße, wie sie beweist, auf systematische Weise an der Konstruktion der formalen Modelle und an den elliptischen und devianten Wegen der Erkenntnis zu arbeiten, die hinsichtlich der historisch institutionalisierten Standpunkte "unlogisch" sind – besonders in ihrer Beziehung zur „natürlichen" Wahrnehmung des Raums und der Körperlichkeit. Was diese Seite anbelangt, so erscheint das von uns behandelte Phänomen vor dem Hintergrund einer ganz bestimmten Entwicklungslinie; dies zeigen uns die Studien von Michel Foucault über den Panoptismus und die Kontrollstrategien der sozialen Abweichung, zum Beispiel überall dort, wo all jene Symmetrie-, Geometrie-, Automatisierungs- und Auflockerungswahne des Blicks in den Vordergrund rücken, die gerade die pathologische Seite der klassischen, perspektivischen Räumlichkeit vertreten. Heute kommt dies wieder in der typisch postmodernen Beharrlichkeit hinsichtlich aller *Décadrage*[11]-Formen auf, oder umgekehrt, hinsichtlich visueller Schemata und manisch-geometrischer Konstruktionen, die von den modernistischen Stilisierungen und Verzerrungen meilenweit entfernt sind.

Die wahllose Anwendung eines *generellen* Schemas an jedem Sujet und die Auflockerung jedes Sujets in unzählige, *besondere* Lösungen, stellen die beiden gegensätzlichen und komplementären Seiten dieser Spaltung dar. Zwei Aspekte einer Tendenz der zeitgenössischen Fotografie, die ihrerseits eine weitgehende Kulturverfassung widerzuspiegeln scheinen, in der sich einander eine verbreitete Sensation von Anonymität und der Anspruch auf die eigene, singuläre Einmaligkeit – die politische, religiöse, ethnische, die des soziokulturellen Standes, der Geschlechtszugehörigkeit, usw. - Schritt um Schritt überlagern. Dies alles hat natürlich mit der Wahrnehmung der Beziehung zwischen der Landschaft und jenem historischen Moment zu tun, in dem wir leben, und folglich auch mit den Formen und der Art und Weise mit der die Landschaft wahrgenommen und dargestellt wird. Wenn laut Augé «die Beziehung zur Geschichte, die unsere Landschaften bedrängt, vielleicht eine Phase der Ästhetisierung und zugleich einer Entsozialisierung und Verkünstlichung durchläuft»[12], ist es auch wahr, dass sich dieser Prozess in eine generelle Bewegung einfügt, in der die Funktionen, die historisch die Orte in ihrem Charakter gekennzeichnet sowie unserer Beziehung zu ihnen einen Sinn gegeben haben, äußerst rasch obsolet werden. Eine der Folgen dieser Verflechtung von Veränderungen des Raums und Veränderungen unserer Wahrnehmung von diesem, und somit der Modelle, die wir für seine Darstellung verwenden, ist auch jene ziemlich paradoxe, die Jameson auf der Ebene der globalen kulturellen Logiken als Tendenz in Richtung "libidinöser und regressiver Historizismen" beschreibt: Zu diesen gehören transversale und weit verbreitete Phänomene, wie die Mode des *Vintage* und *Remake*, der wir hier allerdings eine Neigung zu lokalen

---

8_ Ich beziehe mich auf die bekannte Interpretation Heideggers der Verse Hölderlins, der sagt «poetischerweise wohnt der Mensch auf dieser Erde». Vgl. Martin Heidegger, *Costruire abitare pensare*, in *Saggi e discorsi* (1954, *Vorträge und Aufsätze*), Mursia, Milano, 1976, S. 135-138. Den Einfluss der Gedanken Heideggers bemerkt man besonders im bereits zitierten Text von Jameson; der amerikanische Forscher tritt in die Fußstapfen der "Bauernschuhe" eines Van Gogh, und er tut es auf strategische Weise und von diesem Beispiel ausgehend gelangt er zur Idee eines unheilbaren Kontrastes zwischen modernistischer „Tiefe" und postmodernistischer „Oberfläch-lichkeit". Vgl. Fredric Jameson, *Postmodernismo, ovvero, La logica culturale del tardo capitalismo*, S. 24-32; Martin Heidegger, *L'origine dell'opera d'arte*, in *Sentieri interrotti* (1950, *Holzwege*), La Nuova Italia, Florenz, 1968, S. 18-21.
9_ Fredric Jameson, *Postmodernismo, ovvero. La logica culturale del tardo capitalismo*, S. 60.
10_ Clifford Geertz, *Interpretazioni di culture*, S. 236.
11_ Vgl. Pascal Bonitzer, *Peinture et cinéma. Décadrages*, Cahiers du Cinéma, Paris, 1985.
12_ Marc Augé, *Nonluoghi. Introduzione ad una antropologia della surmodernità*, S. 69.

Realitäten zuschreiben können, die hingegen einen rein praktischen, selbstverständlichen, unschuldigen oder "bedeutungsarmen" Sinn aufweisen, eine Neigung, die für die postmodernen Landschaftsdarstellungen typisch ist, in Richtung einer *Monumentalisierung*[13] des Kurzlebigen, der Zuweisung eines universellen, kulturellen oder stark metaphorischen Wertes an einen weit verbreiteten existentiellen Zustand.

Gemeinsam mit dem Web, dem anderen uferlosen, symbolischen Appendix des realen Lebens, dieser gigantischen Maschinerie imaginärer Produktion, die im Stande ist, die täglichen Erwartungen, Sehnsüchte und Handlungsweisen von Millionen von anonymen Protagonisten der "Spektakel-Gesellschaft" zu orientieren, stellen diese Orte die neuen Zentren einer Welt dar, die sich selbst und ihrer Kulturgeschichte gegenüber peripherisch geworden sind: dahinschwindende Zentren, die einer Veränderung unterliegen, die der totalen Abhängigkeit von den mächtigen Flüssen der Weltwirtschaft entsprechen, die aber so errichtet werden, dass sie viel stabiler als die althergebrachten Monumente der Macht und der Kultur sind, wenn oft auch in einem Zustand dauernder Agonie. Paradoxerweise (und die zeitgenössische Fotografie hat sich von diesem Paradox genährt) setzt sich die kurzlebige Topografie der postindustriellen Landschaft aus Materialien wie Stahlbeton, Stahl, Aluminium, Glas und Kunststoff zusammen: beständige Substanzen, die geschaffen wurden, um zu dauern, aber deren Funktion oft nach einigen Jahrzehnten endet, manchmal nach wenigen Monaten, wie dies bei den groß angelegten Strukturen für außergewöhnliche Medienevents geschieht, den Olympischen Spielen oder großen politischen und wirtschaftlichen internationalen Meetings. Ein ähnliches Zusammentreffen von Dauerhaftigkeit und Dahinschwinden, Solidität und Leere, stellt vielleicht der greifbarere Ausdruck jenes generellen Prozesses der «Ent-Territorialisierung» der Erfahrung dar, die das postindustrielle Zeitalter kennzeichnet: ihre Symptome wirken heute perverserweise magnetisch auf eine ihrerseits verlorene Fotografie, denn sie ist gespalten in eine Vergangenheit als Technik der Erinnerung und in eine Zukunft als Apparat zur Schaffung von Trugbildern und blickt somit in den Spiegel der eigenen epistemologischen Krise.

Diese Worte sollen einen theoretischen Hintergrund zu meinen Überlegungen über die Arbeit Roberto Bossaglias bilden über seine Art, sich der langen ikonographischen Tradition zu stellen, und vor allem über seine Annäherung an die Darstellung der zeitgenössischen urbanen Landschaft; einem Thema, das quer durch seine Produktion geht und sich dabei mit einer Serie geringer Veränderungen in Methode und Sensibilität kohärent entwickelt: von den "thematischen" Begehungen der frühen Achtzigerjahre des 20. Jahrhunderts, die spezifischen Aspekten Roms (historische Stadtviertel, faschistische und rationalistische Architektur) und Neapels gewidmet waren (die Beziehung zwischen der Stadt, ihren Bewohnern und dem Meer), zu denen der Fotograf nach einer kurzen, aber klaren Phase «analytischer» und konzeptbezogener Experimente gelangt ist, bis zur Teilnahme an den wichtigsten fotografischen Kampagner Italiens der Achtzigerjahre, der Neunzigerjahre und des ersten Jahrzehnts des neuen Jahrtausends, in denen seine "Landschaftsidee" eine besondere, eine sehr persönliche, manchmal etwas skeptische Abstimmung findet, mit jenem stilistischen Namenszeichen Post-DATAR, das eine gesamte Epoche der italienischen Fotografie geprägt und in gewissem Sinne die linguistische Pluralität und die lokalen Besonderheiten uniformiert hat. Unter diesem Gesichtspunkt muss die Arbeit des letzten Jahrzehnts – deren privilegierter Zeuge ich bei verschiedenen Gelegenheiten sein durfte, manchmal sogar als direkter Gesprächspartner – unter dem Licht einer einfühlsamen und aufmerksamen "distanzierten Teilnahme" interpretiert werden, eines Verstehen-Wollens, ohne zu verallgemeinern, was leider viel zu oft geschieht. In dieser Phase der immer lange meditierten Annäherung an die Darstellung des Territoriums schweift er launisch herum. Es kommen konstruktive Logiken ins Spiel, die dem Unerwarteten, der zufälligen Entdeckung gegenüber offener sind; zugleich wählt er im Gegensatz zu den

13_ Vgl. Michel Foucault, *L'archeologia del sapere* (1969, *L'archéologie du savoir*), Rizzoli, Mailand, 1971, S. 13-14; Jacques Le Goff, *Documento/monumento*, in *Enciclopedia*, Einaudi, Turin, 1978, Bd. V, S. 38.

dominierenden Tendenzen immer das weniger Orthodoxe, z.B. wählt Bossaglia malerische Blickwinkel, wodurch die Banalität der fotografierten Plätze durch eine peinlich genaue Pflege der materiellen Eigenschaften des Mediums aufgehoben wird. Oder die Zusammenstellung der Fotoserien auf der Basis freier Assoziationen, die an die tägliche Frequentation der Orte gebunden sind, an die konstante, über eine lange Zeit hinweg wiederholte Beobachtung der Veränderung der Zeit, der Veränderung des Lichtes, während der Jahreszeiten, der Veränderung des Stadtlebens. Bei einer Arbeit über Paris experimentierte Bossaglia erstmalig und systematisch mit dem Übergang von Schwarzweiß zu Farbe. Das Ergebnis wurde 2008 in Rom präsentiert und stellte in diesem Sinne die letzte Entwicklung eines Weges dar, auf dem sich die Überlegung schrittweise von der "Materie der Fotografie" auf den "Geist der Orte" verlagert hat, wie auch von den Beweggründen einer alles in allem noch modernistischen und strukturalistischen Zugehörigkeit (die Geschlossenheit und die linguistische Autonomie der Arbeit, ihre Leere hinsichtlich der erkundeten Situation) zu einer typisch postmodernistischen Annäherung: vielförmig, manchmal gewollt unaufgelöst, in gewissem Sinne in unzählige Anregungen pulverisiert, die nebeneinander koexistieren. So kommen neben den klassischen Elementen der Fotografie (zyklischer Ablauf des Lichts, Gefühl für Raum und Tiefenperspektive, das Verhältnis zwischen Territorium und Architektur, das Verhältnis zwischen nah und fern) neue Themen ins Spiel, sowie eine neue Unruhe angesichts der Entdeckung einer immer künstlicheren, mediatisierten Landschaft, die von der täglichen Existenz ihrer Bewohner getrennt ist.

In diesem Sinne betreffen die meisten neuen Elemente nicht so sehr die Arbeit am Bild, an der einzelnen Ikone, als umso mehr die generelle Annäherung, die Methode. Über einen Übergang, der meines Erachtens ausschlaggebend ist, um die neueste Produktion des Fotografen zu verstehen, wechselt man von einer Methode, die in gewissem Sinne jener der amerikanischen New Topographics nahe steht und die auf dem Prinzip der *Karte*, der Strukturanalyse einer Stadt beruht, ausgehend von ihren wichtigen Autobahnkreuzen und Leitlinien (das ist der Ansatz, der in *Perifanie* angewendet wird, wo Bossaglia verschiedene Kapitel seiner Arbeit den wichtigsten Achsen der Entwicklung der römischen Peripherie folgend konstruiert), zu einer Annäherung, die hingegen auf dem subjektiven *Ablauf* basiert, die ihren Höhepunkt im *Sogno Metropolitano* (Traum der Metropole, A.d.Ü.) sieht, einem Projekt, das der Autor ausdrücklich einem Geisteszustand zuspricht, einem privaten *Spleen*, in dem die Endstruktur frei von jeder vorherigen Planung erreicht wird, ausgehend von zufälligen Eindrücken auf der täglichen Strecke zwischen Haus und Atelier. Der ersten entspricht eine Art Regie oder Choreografie, die vorher der gesamten Arbeit eine netzförmige Struktur mit internen Hinweisen und Knotenpunkten verleiht, wie um "von oben" die fotografische Aufnahme der Plätze leiten zu wollen. Der zweiten entspricht das Eintauchen in eine intimere Dimension des Blicks, wo die Bilder fast "aus der Sonne heraus" zu entstehen scheinen, wie persönliche Erinnerungen, die sich entlang der Wege im Raum abgelagert haben.

Es verstärkt sich so die konstante Tendenz im Werk Bossaglias, einen Standpunkt "in Augenhöhe" einzunehmen, um die Stadt aus der Perspektive des Alltags zu erzählen, mit den vielen kleinen Abenteuern des Auges entlang des Weges, den unerwarteten Offenbarungen, die die Absurdität der Landschaft entschleiern und den Schätzen, die in der Banalität der Orte versteckt sind, die man schon so lange frequentiert, dass sie fast *verinnerlicht* sind. Dies bedeutet aber weder einen intimistischen Rückzug, eine Flucht ins Private, noch eine Ablehnung der Aufnahme und der symbolischen Prozesse, die sie einschließt. Ganz im Gegenteil ist das, was ins Spiel kommt, was sich frei in die Methode der fotografischen Aufnahme der Orte mischt, gerade die Unruhe oder das Bewusstsein einer neuen urbanen Räumlichkeit, die sich nicht mehr in einer frontalen, perspektivischen, logisch organisierten Dimension um einige Ruhepole anbietet, die in der Lage sind, ihre Struktur zu organisieren – zum Beispiel stark symbolträchtige monumentale Bauten und Komplexe – und nur verstanden werden kann, wenn man sich "von der Architektur leiten lässt" und die Strecken begeht, die diese dem Individuum vorzeichnet, und auf denen es ihr irgendwie gelingt, ihre Triebkraft zu programmieren. Ich gebe hier die Worte wieder, mit denen mir der Autor die Annäherung an seine Arbeit über München beschreibt, Worte, so scheint mir, die ziemlich klar die bekannte Interpretation der postmodernen Räumlichkeit als Struktur durch Jameson wiedergeben, der es «schlussendlich gelungen ist, über die Orientierungsfähigkeit des einzelnen menschlichen Körpers hinauszugehen, im Vorhinein die Umgebung zu organisieren und kognitiv eine Karte der eigenen Position in einer kartographierbaren Außenwelt zu zeichnen»[14]. Bossaglia versucht in keinster Weise die urbane Landschaft zu "kartographieren". Was diesen Aspekt anbelangt unterscheidet er sich von einer gewissen Tendenz des zeitgenössischen Vedutismus, die in Wahrheit bereits abgenutzt ist und einem Klischee, einem Stereotyp des Genres nahekommt. Sein Blick scheut entschieden jede beschreibende oder taxonomische Absicht. Er scheint vielmehr die Rhythmen fördern zu wollen, die natürlicherweise aus den Orten hochsteigen, und er lässt sich dabei von den vorgegebenen Strecken führen, die Funktionen und "Gebrauchswert" betonen.

Das Resultat könnte als eine seltsame Überlagerung einer symbolischen Struktur (reich an Kulturstratifikationen) und der Wahrnehmung einer vollkommen neuen Räumlichkeit beschrieben werden, in Bezug auf die man nicht anders als in Verlegenheit gebracht werden kann. Abgesehen von der manifesten Arbeitsebene, aus der ziemlich klar einige problematische Punkte hervorstechen, die typisch für die historische Entwicklungskurve des fotografischen Vedutismus sind (wie die klassischen Dichotomien antik/modern, natürlich/kulturell, dauerhaft/wandelbar: Punkte, die die Fotografie von Anfang an ausgelotet hat und die bereits zu ihrem fast archetypischen Themengepäck gehören), scheint es mir, dass der interessanteste Aspekt der Arbeit gerade in dieser Überlagerung zu finden ist, die auf der Ebene latenter symbolischer Strukturen entsteht, zwischen einem bestimmten Modell von Raum und Ansicht, und einer Landschaft, die in der Tat *nicht mehr zu ihm gehört*.

Bossaglia scheint sich einer ähnlichen Dialektik voll bewusst – dreht sie somit zu seinen Gunsten und gründet darauf seine Arbeitsmethode – und zwar dort wo er die Orte beschreibt, die er in einem "unvorhersehbaren" Raum fotografiert hat, der "überrascht", der "sich nicht bewohnen lässt". In Anbetracht dessen ist das, was sich abzeichnet, also vor allem eine Notwendigkeit sich zu *orientieren*, Bezugspunkte zu finden; und dies geschieht auf der Ebene der Herstellung der einzelnen Bilder oder kleiner Bildergruppen, wie auch auf der Ebene der generellen Organisation der Sequenz. Im ersten Fall scheinen einige Strukturelemente wie "Erinnerungen" des klassischen vedutistischen Modells zu reagieren: zum Beispiel die geometrische Skansion der Ebenen und Oberflächen; die Präsenz von "Kulissen", die den Raum einrahmen, als ob man diesen durch einen Bühnenrahmen beobachtete; die räumliche Kontinuität einiger Fotopaare, die an eine Räumlichkeit der Panoramen aus dem 19. Jahrhundert erinnern; vor allem aber die konstante Präsenz von Menschengestalten (gänzlich anormal angesichts der Schlüssel der fotografischen Ansichten aus dem späten 20. Jahrhundert und daher umso relevanter), manchmal in der Rolle von "Beobachtern" in derselben Landschaft (wie dies in der topografischen und geologischen Fotografie des 19. Jahrhundert geschieht), die, analog zu den klassischen Terzine-Figuren der gemalten Vedute, die Funktion haben, den "Raum" zu bewohnen, indem sie ihn mit einer Maßeinheit versehen, mit einer Skala für die Distanzen und relativen Dimensionen der Gebäude.

Bei der Organisation einer fotografischen Sequenz, die nach einer langen Serie von Bearbeitungen, Erneuerungen, Interpolationen zur definitiven Struktur gelangt, geben einige Elemente der Architektur oder des Straßenmobiliars, die der Fotograf verbindet und generell als "Totem" bezeichnet, interne Hinweise, die es dem Auge erlauben, sich zu orientieren, analog zu dem, was im virtuellen Raum vor sich geht. Diesbezüglich kommt mir das Programm *Street Views* in den Sinn, zu dem man im Web über Google Maps Zugang findet: fotografische Aufnahmen ganzer Städte, wobei sich der Benutzer nicht mehr anhand des klassischen

14_ Fredric Jameson, *Postmodernismo, ovvero, La logica culturale del tardo capitalismo*, S. 60. Jameson kehrt mehrmals zu diesem Thema zurück und entwickelt dabei vielerlei psychologische, ästhetische, geschichtliche und politische Verwicklungen. Grundsätzlich bedeutet die Angelegenheit der neuen postmodernen Räumlichkeit für den amerikanischen Philosophen ein neues und geschichtlich originelles Dilemma, das unsere Einfügung individueller Subjekte in einen Pott mehrerer Dimensionen zusammenhangloser Realitäten, die von Räumen als Relikte eines bürgerlichen Privatlebens bis zur unfassbaren Entflechtung des Weltkapitals reichen ». Ivi, S. 410.

Prinzips einer Ansicht von oben auf einer Karte orientiert, sondern anhand aufeinanderfolgender Fortbewegungen, die durch die (reine) Identifikation der Elemente verbunden sind, die als Grundlage zwischen den verschiedenen Ansichten des urbanen Geländes funktionieren. Der Begriff "Totem" definiert sowohl den pragmatischen Wert dieser Elemente im Verhältnis zum Auge, indem sie zu *Notsituationen* der Landschaft oder zu Aufnahmen werden, die im Vergleich zur *Skyline* der Stadt in den Himmel ragen, als auch ihre metaphorische "Seltsamkeit", ihre stille Präsenz, die irgendwie und irgendwo im urbanen Gewebe passiert. Die beiden Bilder des BMW-Turms und der Schneckenskulptur scheinen mir in diesem Sinne besonders signifikant: nichts in der Umgebung lässt uns darauf schließen, warum diese auffälligen Objekte *gerade dort* entstanden sind, und dennoch erlauben sie es dem Auge, sich in einem Raum zu orientieren, der sonst vollkommen sinnlos erschiene. In beiden Fällen scheint das Herausragen des "Totems" aus seinem anonymen Kontext nicht irgendeiner «kulturellen Logik» zu entsprechen, die dem Wesen der urbanistischen Planung entspricht, sondern eher einem rein logistischen (im ersten Fall) oder dekorativen Bedürfnis (im zweiten), jedenfalls aus dem Kontext herausgerissen; ein Bedürfnis, das wie ein Feigenblatt diese anfängliche Sinnlosigkeit zudeckt, die der kleinste gemeinsame Nenner der gesamten zeitgenössischen globalisierten Landschaft ist: aus diesem immensen, generell urbanisierten *Terrain Vague*, wo die Gebäude laut Bossaglia "als Jünglinge hochwachsen, bereit, sofort durch neue Bauten ersetzt zu werden".

Diese Idee einer monadenmäßigen Sonderlichkeit-Fremdheit des "urbanen Totems"[15] assoziiert mit seiner maximalsten "Ausstellbarkeit", mit seinem visuellen Wert, der vollkommen säkularisiert ist[16], scheint mir wie eine Metapher der neuen architektonischen Landschaft «in der Phase einer Ästhetisierung und zugleich einer Entsozialisierung und Verkünstlichung» (um nochmals Augé zu zitieren) zu funktionieren; zugleich scheint sie eine Metapher der fotografischen Vision in ihrer postmodernen Phase zu sein, in ihrer epistemologischen Krise in Anbetracht einer Welt, in der sich Realität und Fiktion, Essenz und Schein in immer unlösbareren Formen verketten, in der sich die Fiktion als eine Art des Seins in der Realität definiert; sie ist «grundlegender Teil unserer Art, die Realität (nicht) gänzlich wahrzunehmen»[17]. Die Bilder Bossaglias verdeutlichen uns eine der Möglichkeiten, mit der die zeitgenössische Fotografie dieses Dilemma angeht.

15_ Ein Modell, das heute vielleicht seine vollständigste Manifestation in jenen seltsamen Shopping Oasen findet, die man *Outlet* nennt, Aggregate perfekt autonomer Handelsunternehmen, die vom urbanen Kontext vollständig getrennt sind, normalerweise nahe an Flughäfen oder wichtigen Autobahnknoten. Es handelt sich um wahre virtuelle Städte, oft dem Verfall überlassen, die in kürzester Zeit und mit großen Standardmodulen aus Stahlbeton gebaut, dann mit Dekorationsplatten verkleidet werden, wie Filmsets, um jedem Geschäft ein Aussehen zu verleihen, das der *Handelsmarke* entspricht. Das Ergebnis ist ein postmodernes Pasticcio architektonischer Stile, die fast zu Fetischen werden: ein symbolischer "Hyperraum", wo man die Zeit verbringen kann, ohne kontinuierliche Lösung, von einem Salon aus dem 19. Jahrhundert zu New Yorker Loft, von einem *Art Nouveau* Bahnhof zu einer Berghütte. Die zeitgenössische Fotografie ist natürlich besonders gierig auf diese "Nicht-Orte", die den Vergnügungsparks für Erwachsene so ähnlich sind, eine weitere Bestätigung für die Ambivalenz der Trugbilder in unserer Beziehung zu dem architektonischen Raum, in dem wir leben.

16_ Ästhetische Konfiguration, die von Benjamin gerade bezüglich der technischen Reproduzierbarkeit der Künste angekündigt wird, wenn er schreibt, dass «heute, durch das absolute Gewicht, das es durch seinen Ausstellungswert erworben hat, das Kunstwerk zu einer Formation mit komplett neuen Funktionen wird, wobei jene, die uns bewusst ist, und zwar die künstlerische, sich als diejenige profiliert, die in Zukunft als marginal anerkannt werden kann». Walter Benjamin, *L'opera d'arte nell'epoca della sua riproducibilità tecnica* (1936, *Das Kunstwerk im Zeitalter seiner technischen Reproduzierbarkeit*), Einaudi, Turin, 1966, S. 28.

17_ Marco Senaldi, *Doppio sguardo. Cinema e arte contemporanea*, Bompiani, Mailand, 2008, S. 16.

FRANCESCO FAETA
Soziale Konstruktionen des Wirklichen:
Bilder und Städte

Der große Wert der Fotografien Roberto Bossaglias ist bereits bei zahlreichen Anlässen hervorgehoben worden. Meine aufmerksame Betrachtung hat sich immer wieder auf den urbanen Raum konzentriert. Ein Thema übrigens, das für mich als Forscher der ländlichen Kontexte Südeuropas faszinierend, interessant, wie auch ungewöhnlich ist. Dies galt in den 1980er Jahren für Neapel und für den monumentalen Teil Roms, dies galt einige Jahr später für die Peripherie der Hauptstadt, und dies galt 2007 auch für Paris. Heute geschieht dies in München - ein Projekt aus dem Jahre 2009, an dem ich wegen der großen Achtung und Freundschaft, die mich mit Bossaglia verbindet, teilnehme, wenn auch als Sozialanthropologe, *in partibus infidelium* also, nicht wie die Freunde und Kollegen der Kunstgeschichte und der Fotografie, die mit weitaus mehr Fachwissen und Kompetenz über die hier ausgestellten Bilder und deren Autor schreiben können[1].

Wie ich schon sagte, gehört der urbane Raum - ein Argument, mit dem ich mich relativ wenig beschäftigt habe - zur heutigen Sozialanthropologie, die, wie man weiß, seit geraumer Zeit die traditionellen Bereiche verlassen hat: den Urwald, die bäuerliche Welt, den Volksstamm oder die Kulturgemeinschaft. Es handelt sich jedoch um ein vielseitiges und variables Thema: Neapel, Rom, Paris und München, um in Bossaglias Raum und Zeit zu bleiben, sind trotz einiger Analogien nicht das Gleiche (Ähnlichkeiten mit Wittgenstein); die 1980er sind nicht 2010.

Die abendländische Stadt hat sich, was das anbelangt, in kürzester Zeit von einem *beispielhaften* Ort der Moderne zu eine *symbolischen* Ort der Postmoderne und seiner sozialen Probleme gewandelt (hat also unter anderem seine tatsächliche, pädagogische und erzieherische Rolle verloren, um, im Sinne Jean Baudrillards, im Wesentlichen ein Trugbild zu werden[2]). Wie man weiß, haben sich auf der Erde die Städte als Wohnmuster aufgedrängt, und zwar in einer relativ jungen und kurzen Zeit. Ab dem 19. Jahrhundert wurden sie dann zum unverkennbaren Modell der Moderne (in diesem Sinne bildet der Gedanke Benjamins über Paris, der Hauptstadt des 20. Jahrhunderts mit ihrer geschickten Verknüpfung des städtischen Bauens, der Nutzung der Großstadt und den Modellen der bildlichen Darstellung und Fotografie, ein außerordentliches Erkenntnisexperiment[3]). Ein paar Jahrzehnte später haben sie sich schließlich die besondere anti-holistische, segmentale und fragmentierte Idee der Realität einverleibt, die den typischen und relativ homogenen (transnationalen und globalen) Charakter der postmodernen Erfahrung ausmacht.

Obwohl aber die Erfahrung einer urbanen Dimension *mehr oder weniger* überall gemacht wurde, wenn auch zu sehr verschiedenen Zeiten (siehe meine Zusammenfassung), sind die

1_ Was die Arbeit von Bossaglia angeht, beachte man vor allem C. De Seta (Hg.), *Napoli, città sul mare con porto*, Electa, Mailand, 1982; R. Bossaglia, *Roma, un itinerario nella memoria*, mit Texten von C. De Seta, F. Menna, I. Zannier, Roma, Tilligraf, 1986; Id., *Perifanie. Roma: appunti sul nuovo paesaggio urbano*, mit Texten von F. Faeta, M. Miraglia, F. Moschini, Rom, Edizioni Kappa, 1995; Id., *Cahier Parisien*, mit einem Text von R. Valtorta Rom, Officina d'Arte al Boschetto, FotoGrafia-Festival Internazionale di Roma, 2008.
2_ Siehe J. Baudrillard, *Simulacri e impostura. Bestie, Beauburg, apparenze e altri oggetti*, Bologna, Cappelli, 1980.
3_ Vgl. W. Benjamin, *Das Passagenwerk (Paris, die Hauptstadt des XIX. Jahrhunderts)* (Hrsg. R. Tiedemann und für die hier zitierte ital. Ausgabe G. Agamben), Turin, Einaudi, 1986.

räumlichen, architektonischen und urbanistischen Ergebnisse von Ort zu Ort recht verschieden gewesen.

Verschieden vor allem im Westen, wo die Stadt den gesamten Ablauf von der Entwicklung und der bereits erwähnten Umwandlung durchgemacht hat: in den vier Städten zum Beispiel, auf die Bossaglia sein besonderes Augenmerk richtet, weichen die urbanen Ideen vollkommen voneinander ab, was eine Konfrontation seiner Bilder sofort verdeutlicht. Man denke etwa an den Kontrast zwischen Washington mit seiner Idee einer föderalen und imperialen *Urbs* und Los Angeles mit seinem babylonischen "Ethnorama", gewalttätig und tolerant zugleich; oder, um bei uns in der Nähe zu bleiben, zwischen dem isomorphen und zurückhaltenden Großstadtgebiet um München und dem polymorphen und affirmativen des neuen Berliner Zentrums.

Verschieden aber auch weltweit. Trotz der Versuche, die Stadt zu verwestlichen, um sie mit dem Weltmarkt und dem internationalen Tourismus in Einklang zu bringen, um sie mit Strukturen und Infrastrukturen zu beliefern, die sich in Funktion und Form ähneln (Flughafen, U-Bahn, Einkaufszentrum, Gedenkstätte der Staatsnation, Museum der lokalen künstlerischen Herrlichkeiten, Siebensterne-Hotel, *Tapis-Roulant*, Autobahnabfahrten, Hochhäuser), behalten Kairo, Madīnat Dubaī, Mumbai oder Mexico City weiterhin Mischformen bei, die jeder Logik und modernen Struktur zum Trotz, in das postmoderne Erscheinungsbild tiefe archaische Schichten, tausenderlei ethnische Reminiszenzen, Erinnerungen und Gewohnheiten aus der kolonialen und postkolonialen Zeit einbinden, und die jenen des 19. Jahrhunderts recht ähnlich sind. Besser noch: sie kultivieren aufgespürte Utopien, die das westliche Konzept der Wohnbarkeit entstellen, um eine neue monumentale Form zu schaffen, deren Essenz die Nicht-Wohnbarkeit selbst ist. In der Stadt Kairo, um nur ein Beispiel zu nennen, wohnen zehntausende Menschen in der Totenstadt, in einem Durcheinander von Raum und Zeit, mit einer Hybridisierung der Abläufe und Darstellungen, mit einer Nutzung der Stadt und ihrer Idee, die in Rom, Stockholm oder in New York vollkommen undenkbar und unverständlich ist. In Madīnat Dubaī bestimmt die künstliche Siedlungsform den reinen Zweck der Stadt, sie konditioniert und programmiert den Aufenthalt bis zu einer Umwälzung der existierenden traditionellen, abendländischen Beziehung zwischen der Stadt-Idee und dem Wohnen an sich (man baut dort die Stadt auf der Basis eines planetarisch-visuellen, als vorherrschend und grassierend angenommenen Tatbestandes, an die dann die eventuellen Wohnbedürfnisse mühsam hinzugefügt werden, immer auf temporärer, man verzeihe mir den Ausdruck, oxymoronischer Basis).

Meiner Meinung nach registriert die Fotografie Bossaglias mit einmaliger Exaktheit die Aspekte der von mir gerade beleuchteten urbanen Dimension (und deshalb habe ich seine Darstellung immer als Teil eines anthropologischen Gesprächs empfunden und als einen wichtigen Beitrag zur ethnographischen Ortskenntnis).

Er tut dies vor allem aus einer strukturellen Motivation des Mittels heraus, wenn dieses in seiner Totalität eingesetzt wird: die Fotografie scheint das ausgesuchte *Medium* für eine Kritik am urbanen Raum zu sein. Die Veränderung dieses Raums, der architektonischen Struktur, der urbanistischen Infrastruktur, der Art und Weise der Organisation der sozialen Beziehungen wie der Erinnerung, ist mit einer Fülle von Annäherungen sowie mit figurativen und äußerst bemerkenswerten Lösungen registriert worden; man könnte sagen, dass die räumliche und zeitliche Veränderung der Stadt eine parallele Veränderung des Auges und des bildhaften Erzählens produziert hat und noch produziert - und umgekehrt. "Die Fotografie hat immer der Stadt geantwortet, und hat dabei deren visueller Komplexität Rechnung getragen, sei es als Bild, sei es als Erfahrung", so Graham Clarke[4]. Man denke nur an einige der zahlreichen möglichen Erfahrungen, an Alfred Stieglitz und die Entzerrung der New Yorker Straßen, an das Leben der Einwanderer der Lower East Side in derselben Stadt, an Jacob Riis oder an Lewis Hine; bleiben wir in New York: an die Bilder von Walker Evans, Berenice Abbott,

4_ G. Clarke, *La fotografia. Una storia culturale e visuale*, Turin, Einaudi, 2009, S. 82.

Joel Meyerowitz, Michael Spano oder Helen Levitt. Wenn es um Paris geht, denke man an Eugène Atget, Brassaï, André Kertész, Jacques Henry Lartigue, Ilse Bing, Édouard Boubat, Willy Ronis[5].

Der Autor tut dies wegen des besonderen kulturellen Stellenwertes, den er dem urbanen Raum gibt. Bossaglia hat eine mathematische und wissenschaftliche Ausbildung und eine, ich würde sagen, strukturalistische Annäherung an die von ihm dargestellte Realität, die es ihm erlaubt, dem synthetischen und analytischen Charakter der Fotografie Rechnung zu tragen. Er kommt aus einem rigorosen, professionell anspruchsvollen Umfeld, jenem der Architekturfotografie, die er jahrelang erfolgreich ausgeübt hat, was der Besucher leicht selbst beurteilen kann, wenn er nur die Zeitschriften mit seinem Werk durchblättert[6]. Natürlich sind für ihn seine Auftragsarbeiten eine Sache, die tendenziell eine exakte und technisch orientierte Darstellung der Architektur fordert. Ganz anders jedoch sind die Bilder, die das Augenmerk auf die Architektur als Zeichen des Menschen richten, für den er seine Kreativität voll einsetzt. Auch wenn sich Bossaglia in diese Richtung bewegt, analysiert sein Blick trocken und zielgerichtet, und er geht bis zur Grenze der technischen Machbarkeit (ob es sich darum handelt, aus der Oberfläche des Barytpapiers, "abgestimmt" und mit Selenium und Gold getont, von ihm selbst meisterlich behandelt, die Körnung und das abendländische Licht der römischen Wände herauszuholen, oder durch die großformatigen Lambdadrucke das scharf eingestellte *Plein Air* der Pariser Räume wiederzugeben); fast um den Beobachter glauben zu lassen, es handle sich um eine Reproduktion für einen besonderen Zweck (für ein Dokument etwa), um ihn dann durch eine taktische Wiedergabe der Bildoberfläche zu überraschen. Ich glaube es war Cesare De Seta, der vor vielen Jahren als erster den Charakter der visuellen Bildkonstruktion Bossaglias unterstrich, deren *architektonische Identität* sozusagen[7]. Ich kann im Nachhinein die Deutlichkeit dieser Analyse nur unterstreichen. Bossaglia erarbeitet eine Interpretation des Raums, die keine reine Wiedergabe oder Dokumentation ist, sondern ein Tribut an Wittgenstein, eine Definition des Abbilds, ein Konzeptmodell der Realität. Seine Fotografien wissen den Begriff des Raums zu erfassen, der einer bestimmten architektonischen oder urbanistischen Gestaltung unterliegt, und auch darum werden sie zu einem wichtigen Teil der anthropologischen Realitätsdarstellung. Man weiß, dass die Anthropologie zugleich mit den modernen Darstellungsformen des visuellen Feldes, mit der Fotografie und dem Kino entstanden ist und sich parallel dazu entwickelt hat. Was man weniger bedenkt, ist der epistemologische Charakter, den die Geübtheit des Blicks und das Studium des Auges hinsichtlich des gesamten disziplinären Zusammenhangs gehabt haben. Die Arbeit Bossaglias achtet immer bewusst auf den konstruierten Charakter der räumlichen und architektonischen Darstellung, des hermeneutischen Modells, das ihn inspiriert, und des epistemologischen Zugs, den der fotografische Text hinsichtlich der Realität und des Prozesses seiner Darstellung besitzt. Wie er selbst häufig bemerkt, steigern sie sich gleichzeitig in eine poetische Dimension (im ursprünglichen Sinn des Wortes *poiesis*, abgesehen von der Poesie), die sie dann in Schilderungen des "Ortsgefühls" verwandelt.

Die bisherigen Worte führen uns zur Interpretation der hier ausgestellten Münchner Bilder.

Ich gebe zu, dass ich nicht genug Informationen habe, um die Logik der Veränderungen dieser Stadt zu verstehen, um damit eingehend eine Verbindung herzustellen zwischen der interpretativen Spannung Bossaglias und der unumgänglichen referentiellen Realität, die ihm Führung und Horizont ist. Ich weiß, dass München, wie viele andere deutsche Städte, aus dem Krieg ziemlich mitgenommen hervorgegangen ist und seiner besonderen *forma urbis* beraubt wurde, die durch ihre lange Geschichte der Gesellschaft, der Märkte und Kulturen geformt worden war. Ich weiß, dass das Problem des Wiederaufbaus dieser *forma urbis*

5_ Ebenda, S. 82-110.

6_ Man beachte auch "Abitare", "Area", "Domus", "Lotus International", sowie Kampagnen über die Interpretation urbaner Landschaften, oft auch für öffentliche Ämter oder prestigeträchtige Kulturinstitutionen; Bossaglia hat außerdem besonderes Augenmerk auf zeitgenössische Architekten und solche gerichtet, die in der ersten Hälfte des 20. Jahrhunderts gearbeitet haben.

7_ Vgl. C. De Seta, *Forma ed immagine*, in R. Bossaglia, *Roma, un itinerario nella memoria*.

im Nachkriegsdeutschland tief empfunden wurde und in der Kulturdebatte dieser Nation immer noch wird. Ich weiß, dass sich vor kurzem dieses Problem zu jenem der industriellen Expansion der Stadt, des demographischen Wachstums und der Einwanderung hinzugesellt hat. Ich weiß, dass die deutschen Städte der Nachkriegszeit, und darunter sicher auch München, mit penibler philologischer Determination wiederaufgebaut wurden, wobei die Fotografie reiche Mittel zur Verfügung stellte, vielerorts aber auch mit einem unbefangenen Vergessen der historischen Ereignisse, auf der Suche nach einer vollkommen neuen urbanen Form, die einen Horizont für das Bedürfnis nach Erneuerung und Wiedergeburt der deutschen demokratischen Nation darstellen sollte. Wie ich schon bei anderer Gelegenheit[8] erwähnt habe, hat selbst Martin Heidegger über das Wohnen als philosophischen *Topos* geschrieben, aber in enger Verbindung mit einer Geschichte, die eine Abrechnung mit einem *Habitat* fordert, das vom Krieg radikal kompromittiert ist[9]. Ich glaube, dass man über diese beiden gegensätzlichen Hypothesen urbanistischer und architektonischer deutscher Erinnerung und über die an das *Ethos* des Wohnens gebundenen Aspekte lange nachdenken sollte (in Hinblick auf eine Entschlüsselung des Konstruktionsprozesses unserer gemeinsamen europäischen Identität), und was diese an Universellem, an Kontinentalem und an Besonderem haben, das an konkrete nationale Geschehnisse gebunden ist.

Eine Stadt also, die heute die penibel wiederaufgebauten Zeichen einer weit zurückreichenden Geschichte mit neuen städtischen, mutigen, anonymen und tendenziell isomorphen Perspektiven abwechselt, nach einem abendländischen, globalisierten und genormten Modell: neben dem Uhrturm oder den Kirchenfassaden, wie der katholischen St. Kajetan oder der lutherischen St. Lukas (es genügt, ihre Architektur zu betrachten, um zu verstehen, welche Rolle der Verschiedenheit und der Unterscheidung bei den Aufbauprozessen der europäischen, politisch-sozialen Realitäten zugeteilt wurde), dem *Jugendstilhaus* von Martin Dülfer, die darunterliegende U-Bahnstation Münchner Freiheit oder der Georg Brauchle-Ring (die Marc Augé gerade wegen des gleichzeitigen Ja-und-Nein-Sagens zur Geschichte gefallen würden[10]), die Synagoge Ohel Jakob, die Türme des Olympiaturms bzw. das nahe Hochhaus und BMW-Museum (einige dieser Orte erscheinen in suggestiven und intensiven Darstellungen Bossaglias).

Was ich glaube feststellen zu können, ist, dass die Struktur der postmodernen europäischen Stadt auf dieser Mischung besonderer Zeichen beruht, auf dem Zusammentreffen von Altem, oft neu Erfundenem, und einem Neuen, fast immer Metahistorischen, und ebenso auf der Partitur einer universalistischen Spannung, deren Kontrapunkt die lokale Instanz ist, die zuweilen bedrückend wieder auftaucht.

Die hier ausgestellten Bilder Bossaglias beschreiben die Zeichen dieser komplexen Ausarbeitungslinie der urbanen Form, dieser ihrer europäischen Auffächerung, die scheinbar dem universellen Modell gleicht, in Wahrheit aber sehr eigen ist. Tendenzielle Fluchtlinien ins Unendliche, homologe Architektur, Räume, die scheinbar Orte normieren, die in Wahrheit aber grundverschieden sind, und zwar wegen der Wirtschaft, der sozialen Bauwerke, der Geschichte und der Logik der Erinnerung und des Vergessens, Hinweise auf eine weltweite Identität, die edles Zahlungsmittel zu sein vortäuscht, um die schweren Gewissensbisse einer lokalen Zugehörigkeit und einer Verwurzelung zu überdecken. In Wahrheit aber enthält jedes Bild ein Zeichen, das auf eine hartnäckige Identität verweist, wenn auch widersprüchlich, auf eine Beharrlichkeit dieses Raums, noch einmal und trotz allem europäisch, ja deutsch sein zu wollen: eine bunte Schnecke, die vergrößert aus ihrem gewohnten Grasverschlag hervorkommt, eine Reihe von Bayrischen Landhäusern bilden den Hintergrund für immer

8_ Vgl. F. Faeta, *Le architetture e il cielo. Immagini di un sito post-moderno*, in R Bossaglia, *Perifanie. Roma: appunti sul nuovo paesaggio urbano*, S. 15-24.

9_ Vgl. M. Heidegger, *Costruire, abitare, pensare*, und *"...Poeticamente abita l'uomo"*, in *Saggi e discorsi* (Hrsg. G. Vattimo), Mailand, Mursia, 1976, S. 96-108 und S. 125-137.

10_ Vgl. M. Augé, *Un etnologo nel metrò*, Mailand, Eleuthera, 1992, und kürzlich, Id., *La città tra immaginario e finzione*, in *Disneyland e altri non luoghi*, Turin, Bollati Boringhieri, 1999, S. 94-114; Id., *Il metrò rivisitato*, Mailand, Raffaello Cortina Editore, 2009.

gleiche Stadtläufer, die ungelöste Beziehung zwischen Stadt und Land ist jedoch geordnet, die ironischen Anrufungen der zeitgenössischen künstlerischen Dimension, die Spiegelkoexistenz von Alt und Neu in einer Serie von Schaufenstern, das Phantasma der christlichen Präsenz auf eine Mauer reflektiert, der eiskalte Charakter gewisser Oberflächen und gewisse räumliche Skansionen, die Spuren, die von den Kleinbetrieben der Einheimischen oder der Einwanderer in der globalisierten *Skyline* hinterlassen werden, die Einschränkung der menschlichen Präsenz überhaupt, die zur Einsamkeit führt, zum Kult des Interieurs, zur umsichtigen Dimension des sozialen Lebens.

Eine allerletzte Überlegung, wenn auch nur als Entwurf, um die Grenzen des mir gewährten Raums nicht zu sprengen. Eine Überlegung, die mich zum Zusammenhang zurückführt, den ich nun mit größtem Interesse verfolge, jenen der temporären Dimension der Bilder, und somit eines für mich weiteren interessanten Motivs der Fotografie von Bossaglia. Filiberto Menna hat vor Jahren die temporäre Aufhebung unterstrichen, die diese Fotos auszeichnet. Sie inszenieren eine "eingefrorene und metaphysisch aufgehobene Zeit"[11]. Eine Zeit, die, wie Bossaglia selbst in einem seiner synthetischen und erhellenden Beiträge erinnert, auf den dauernden Charakter hinweist, "die dauerhafte Zeit der Architektur, die darin dargestellt ist"[12]. Die Fotos sind laut Philippe Dubois mit dem Prinzip einer radikalen, hermeneutisch geklärten Raum-Zeit-Zäsur aufgebaut[13]. Wenn richtig analysiert, erlauben sie es, die Ideen des Autors von Raum und Zeit zu begreifen. Die Arbeit Bossaglias weist zusätzlich auf die abgebildeten Gegenstände als Formen der Zeit hin, die dieser eine eigene interpretative Wahrheit verleihen. Seine Bilder betrachten, bedeutet auch, die Beziehungen zu untersuchen, die die verschiedenen vergänglichen Dimensionen in einer bezeichnenden epistemologischen Verknüpfung miteinander verbinden.

11_ Vgl. F. Menna, *Un'altra scena*, Neapel, Galleria Studio Trisorio, 1977 (maschinengeschriebenes Manuskript)
12_ R. Bossaglia, *Dalla parte del fotografo*, in "Domus", September 1994, S. 109-110.
13_ Vgl. Siehe Ph. Dubois, *L'atto fotografico*, Urbino, Quattro Venti, 1996, besonders S. 149 ff.

EINE ANDERE SZENE
Un'altra scena

Die Fotografien sind in dem Zeitraum von März 2008 bis März 2009 entstanden.

ULRICH POHLMANN
La matrice di una città

Le fotografie di Monaco di Baviera
di Roberto Bossaglia

Nella mostra *Eine andere Szene* di Roberto Bossaglia sono esposti i risultati di un soggiorno lavorativo di due mesi, che il rinomato fotografo italiano, per molti anni titolare della cattedra di Fotografia all'Accademia delle Belle Arti di Roma, ha trascorso nella Villa Waldberta a Feldafing tra il 2008 e il 2009 su iniziativa del Fotomuseum im Münchner Stadtmuseum. Durante queste settimane Bossaglia ha esplorato con la sua macchina fotografica l'area urbana e soprattutto la periferia con le nuove zone residenziali ricavate negli ultimi dieci anni dai maggesi di una volta. Come già prima di lui John Davis, che si è dedicato intensamente al corso del fiume Isar, o Olivo Barbieri e Boris Mikhailov, che si sono dedicati in modo differente al paesaggio bavarese e ai suoi abitanti, il fotografo si è avvicinato all'area urbana di Monaco con lo sguardo di un estraneo. L'esplorazione della città avviene con le modalità di un "incontro" scevro da pregresse tesi o conoscenze storiche, che coglie gli impianti urbani attraverso uno sguardo libero ma attento. Bossaglia si lascia guidare da una curiosità incondizionata e si occupa dei segni dell'architettura urbana, facendo emergere lo sguardo dell'estraneo sul familiare. Come un flâneur, si muove seguendo il proprio intuito, guidato da un occhio e un pensiero capaci di strutturare la percezione dello spazio urbano. Le sue fotografie possono essere lette come una continua riflessione sulla città odierna, come la conosciamo dagli scritti di Italo Calvino, di Richard Sennet o di Marc Augé. Durante il suo peregrinare nei quartieri, Bossaglia si interessa soprattutto del rapporto tra il vuoto e il pieno in architettura, e della nuova organizzazione gerarchica degli edifici, che non segue più la storica linea dell'orizzonte segnata da campanili e ciminiere industriali, ma vive staccata dal centro urbano formando nuovi baricentri. Anche il rapporto con i dintorni agresti e la città, nonché i punti d'incontro tra la natura e l'architettura edificata che ne derivano, sono tema di questa ricerca.

L'atteggiamento di Bossaglia è quello di un *flâneur* che si concentra sulla "superficie" del territorio urbano, al di là dei suoi sviluppi urbanistici. A differenza di quella dei cittadini stabilitisi permanentemente nel loro quartiere, nella sua prospettiva i dintorni della città hanno ben poco in comune con lo splendore della barocca e classicistica residenza dei Wittelsbacher. Nel cuore della città emergono invece elementi in parte misteriosi, non semplici da identificare. Indubbiamente si tratta di una visione strutturalistica che rivela il vocabolario formale dell'"arredo" urbano: alcuni motivi sembrano, nel loro formarsi, delle opere d'arte realizzate nello spazio pubblico nel corso di azioni "Kunst am Bau"[1]; devono invece la loro esistenza al Master Plan di uno studio di architettura.

Naturalmente si tratta dell'occhio di un artista legato a una metropoli mediterranea, che ha sviluppato una sensibilità particolare per le zone di conflitto tra il moderno e la memoria storica della città. Bossaglia si concentra sui segni del paesaggio urbano e fotografa in una stagione nella quale la natura in piena fioritura non ostruisce la vista sull'architettura, ma la rende riconoscibile nella sua forma pura. Di grande maestria è la sua arguta osservazione delle condizioni di luce, delle ombre in crescita e del conseguente mutare della derivante percezione degli edifici.

Per meglio inquadrare questo lavoro, è bene ripercorrere brevemente lo sviluppo dell'aspetto urbano: il punto centrale per comprendere la situazione di Monaco è l'immediato dopoguerra. A questo periodo è legata la ricostruzione di una città distrutta, che a causa dei bombardamenti ha perso fino al 60% del suo storico patrimonio edilizio. In un memorandum del 1946 si legge: «Dobbiamo cercare di salvare in un nuovo periodo il più possibile dello spirito e della struttura della vecchia città. [...] Dobbiamo essere consapevoli che un giorno solo il monachese come elemento vitale caratteristico tornerà a rendere Monaco attraente per il turismo internazionale. Per questo la città deve tornare ad essere anche nel suo aspetto esteriore la forma simbolica del sentimento e del pensiero dei suoi cittadini»[2].

Anche se questa non è la sede per lodare nel dettaglio il successo dell'avvenuta ricostruzione del centro città, facciamo notare che, paragonata ad altre metropoli moderne che hanno puntato su un completo rinnovamento, Monaco viene percepita dai critici come una città che infine ha scelto una strada

1_ Arte urbanistica, N.d.T.
2_ Norbert Huse, *Kleine Kunstgeschichte Münchens*, Monaco 2009 (quarta ed.), p. 218.

tradizionalista. Quanto poco questa interpretazione renda giustizia alla situazione di oggi, lo mostrano i numerosi edifici moderni e gli sviluppi attuali della fisionomia della città. L'impulso storico decisivo per un nuovo orientamento lo hanno sicuramente dato le Olimpiadi del 1972, avviando un cambiamento radicale nella progettazione del traffico e nell'edilizia e facendo nascere il complesso architettonico più importante dal punto di vista internazionale, cioè l'area olimpica con le sue costruzioni. Altri edifici, come la sede della BMW, il cosiddetto "quattro cilindri", insieme al museo, la "scodella", hanno altresì creato un complesso apparentemente futurista che allora sembrava precedere il suo tempo. Visti però oggi, questi edifici appaiono già "storici" e parte di un percorso di «architettura della memoria»[3].

Gli accenti urbani moderni sono rappresentati da numerosi grattacieli che si trovano lungo il Mittlerer Ring, l'autostrada urbana che racchiude in modo circolare l'area del centro città. Dopo un dibattito assai controverso tra la cittadinanza, l'altezza dei nuovi grattacieli ad uso ufficio in acciaio e vetro doveva essere ridotta dai previsti 145 metri a non più di 100 metri; oggi sono *landmarks* della fisionomia della città contemporanea. Sono saldati alle classiche assi visive ludoviciane e a quei monumenti che da secoli caratterizzano la fisionomia della città. Solo il termine "Skyline-Tower" indica la presenza consapevole di un'architettura che già nella fase di progettazione è stata definita come un complesso con un "alto valore di riconoscimento".

Negli ultimi due decenni, numerosi studi di architettura di fama internazionale hanno lasciato traccia a Monaco. Di Murphy-Jahn (Chicago) i terminali dell'aeroporto e i grattacieli, di Norman Foster (Londra) la ristrutturazione e il nuovo edificio della Galleria Civica Lenbachhaus, di Sauerbruch-Hutton (Londra) il nuovo edificio del Museo Brandhorst e la sede centrale dell'ADAC a Sendling-Westpark, che sarà pronta nel 2011, nonché di Allmann-Sattler-Wappner la Herz-Jesu-Kirche e il grattacielo al Münchner Tor, per citare solo alcuni degli studi di architettura. Inoltre, vanno aggiunti anche la Hochschule für Fernsehen und Film[4] di Peter Böhm e il Museo Egizio, la Pinacoteca Moderna di Wolfgang Braunfels, la sinagoga Ohel Jakob e il museo ebraico di Wandel-Hoefer-Lorch, il complesso edilizio Swiss Re di Bothe-Richter-Teherani (Amburgo) e il mondo BMW di Coop Himmelblau.

Lungo i suoi percorsi per la città, Roberto Bossaglia è andato a cercare alcune di queste architetture moderne. Inoltre ha fotografato in quei quartieri che nello scorso decennio sono stati realizzati in seguito alla trasformazione di vecchie aree rurali, industriali e ferroviarie, secondo il modello urbano, per future strutture residenziali "compatto, urbano, verde". Di questi fanno parte il nuovo quartiere München-Riem, costruito in occasione della BUGA 2005 sull'area del vecchio aeroporto, i complessi residenziali nella zona della vecchia fiera, i quartieri residenziali Friedenheimer Brücke/Am Hirschgarten e Arnulfpark, che in seguito alla richiesta sempre in crescita di abitazioni sono stati realizzati sistemando in modo efficiente i terreni del centro urbano.

Naturalmente i rapporti tra il centro urbano e la periferia – o meglio i subcentri, che si sono creati intorno al centro storico della città e che grazie alle infrastrutture di aree verdi, di relax e con centri commerciali si dovrebbero affermare come quartieri autarchici – sono cambiati radicalmente. L'urbanistica oggi ricorre ai programmi CAD per la verifica della statica e della caricabilità di edifici, simulando altresì la vita di quartiere. Oggi a Monaco vivono circa 1.360.000 abitanti; un quarto di questi sono stranieri. Monaco è ritenuta una città per single; appena un sesto della popolazione vive in nuclei familiari con bambini. Come una delle metropoli più attraenti, non solo in Germania, ma anche nel confronto internazionale, la città sembra ridefinirsi nel suo aspetto esteriore. Roberto Bossaglia ha messo allo scoperto la matrice di questa città moderna che si distingue visibilmente dagli stereotipi che vedono Monaco come una "metropoli con il cuore" o un "villaggio metropolitano".

3_ www.muenchenarchitektur.com
4_ L'Accademia per la televisione e il cinema, N.d.T.

GIACOMO DANIELE FRAGAPANE
Street Views. L'"altra scena" di Roberto Bossaglia

La veduta fotografica del tardo novecento e dei primi anni del nuovo millennio – ma forse dovrei dire il vedutismo contemporaneo tout court, dal momento che questa «forma simbolica» così tipica dello sguardo occidentale moderno, di fatto oggi continua a esistere solo come un genere fotografico – sembra in qualche modo aver reagito all'esaurimento della grande fase ottocentesca e primo-novecentesca della fotografia di paesaggio sviluppando, per dirla con Jameson, una «strana forma di euforia compensatoria, decorativa»[1] segnata dalla coesistenza talvolta puramente ludica, talvolta inquieta o anche tormentata, tra spinte innovative e atteggiamenti regressivi. Come scrive Baudrillard, ciò accade sotto l'egida di un'«estetica della disillusione»[2] diffusa, onnicomprensiva, che si manifesta come una sorta di linea di fuga a fronte dell'irriducibilità di un reale che sembra eccedere ogni strutturazione sistematica rendendo impossibile la comprensione dei suoi principi profondi e dei suoi processi evolutivi. Il caso della veduta urbana è a riguardo esemplare. Sorta di Babele ipertrofica e in perenne espansione, la città postmoderna sembra in effetti obbedire a logiche che trascendono le antiche antropologie del paesaggio "a misura d'uomo", abitabile, percorribile, misurabile, pregno di storia e, insomma, direttamente esperibile entro una dimensione culturale analoga a quella che, nei secoli, ha contrassegnato lo sguardo del vedutismo classico.

Sotto questo aspetto, soprattutto dal punto di vista dell'evoluzione dello stile (che è sempre un buon sintomo dello stato dei rapporti tra cultura "alta" e senso comune, tra forme estetiche d'elite e processi culturali diffusi)[3] sembrano essersi esaurite del tutto le potenzialità *percettive* dello spazio urbano, saccheggiate nell'arco di oltre un secolo e mezzo da schiere di *flâneur* – da principio paesaggisti e vedutisti più o meno accademici, poi artisti e cineasti sperimentali, reporter, infine nuove figure di vedutisti, sempre più ermetici, algidi, mentali – per raggrumarsi infine in una pletora di clichè che inscenano la città come un universo in larga parte immaginario dove ogni luogo soggiace a un processo di tipizzazione che guida l'occhio nel riconoscimento di itinerari già tracciati; ogni particolarità sembra svanire, fagocitata in un movimento di «endocolonizzazione»[4] tale che qualsiasi immagine di città finisce per coincidere con la definizione stessa di città-occidentale-moderna. È in fondo l'esito, malinconico, paradossale, del percorso avviato negli anni settanta del novecento dal gruppo dei New Topographics americani con il loro tentativo, rivelatosi col senno del poi abbastanza utopistico, di rilettura critica degli stereotipi tradizionalmente connessi alla rappresentazione del paesaggio occidentale: un'operazione che faceva della riscoperta dei margini urbani, delle periferie, di zone del territorio in via di trasformazione, il perno di un estremo tentativo di «riconciliazione con la geografia»[5] di fronte a un paesaggio sempre più effimero e insensato, devastato da interessi speculativi di ogni tipo e immolato ai principi universali del consumo di massa.

1_ Fredric Jameson, *Postmodernismo, ovvero, La logica culturale del tardo capitalismo* (1991, *Postmodernism, or, The Cultural Logic of Late Capitalism*), Fazi, Roma, 2007, p. 27.

2_ «Si ha l'impressione che una parte dell'arte attuale concorra a un lavoro di deterrenza o di dissuasione, a una elaborazione del lutto dell'immagine e dell'immaginario, a una elaborazione, per la maggior parte del tempo fallita, del lutto estetico, la qual cosa porta con sé una generale melanconia della sfera artistica, nella quale sembra che l'arte sopravviva nel riciclaggio della propria storia e delle sue vestigia [...]. Sembra che siamo assegnati alla retrospettiva infinita di ciò che ci ha preceduti». Jean Baudrillard, *Estetica della disillusione* (1997, *Illusion, désillusion esthétiques*), in Valentina Valentini (a cura di), *Allo specchio*, Lithos, Roma, 1998, p. 18.

3_ Si veda in tal senso lo straordinario saggio di Clifford Geertz intitolato *Ideologia come sistema culturale*, dove la nozione di "stile" è chiamata in causa per chiarire i reciproci rapporti tra realtà sociale, costruzioni culturali e ideologia. Secondo Geertz l'analisi stilistica, in particolare di quelle immagini che veicolano simboli ideologici, è in grado di cogliere aspetti che normalmente sfuggono alle teorie sociali, nella misura in cui «non solo la struttura semantica dell'immagine è molto più complessa di quanto non appaia in superficie, ma l'analisi di questa struttura ci obbliga a rintracciare una molteplicità di connessioni referenziali tra di essa e la realtà sociale, così che l'immagine finale è quella di una configurazione di significati diversi, dalla cui interrogazione derivano tanto il potere espressivo quanto la forza retorica del simbolo finale. Questa interazione è di per sé un processo sociale, un accadimento non "nella testa", ma in quel mondo pubblico dove "le persone parlano insieme, nominano le cose, fanno affermazioni e in qualche modo si capiscono"», Clifford Geertz, *Interpretazioni di culture* (1973, *The Interpretation of Cultures*), il Mulino, Bologna, 1998, pp. 247-248.

4_ Paul Virilio, *Città panico. L'altrove comincia qui* (2004, *Ville panique. Ailleurs commence ici*), Raffaello Cortina, Milano, 2004, p. 35.

5_ Cfr. Robert Adams, *La bellezza in fotografia. Saggi in difesa dei valori tradizionali* (1981, *Beauty in Photography. Essays in Defense of Traditional Values*), Bollati Boringhieri, Torino, 1995, in part. pp. 51-62.

È chiaro come il modello tipologico che finisce per orientare la maggior parte delle rappresentazioni contemporanee sia quello della grande metropoli postindustriale nordamericana, quasi che l'idea stessa di città non possa che coincidere con una reificazione del paradigma ideologico "sviluppo-tecnologia-comunicazione". La contemporaneità ha in tal senso *imparato da Las Vegas*[6] molto più di quanto temessero i primi teorici del postmodernismo, oggi di gran lunga superati anche nelle loro più apocalittiche previsioni dall'espansione veramente mostruosa delle nuove megalopoli asiatiche, o da operazioni urbanistiche come quelle realizzate negli ultimi anni a Dubai: perché quel modello non solo ha funzionato come un esempio, ma ha finito per insinuarsi nella nostra percezione dello spazio causando uno scollamento che ha qualcosa di perverso, di irrimediabile. Così accade ad esempio che la classica polarizzazione tra *centro* e *periferia*, alla base dell'antica struttura urbana, non sia più utile a definirne identità, limiti e funzioni, né, di conseguenza, a configurarne l'iconografia. Questa ha infatti ormai soprattutto a che fare con altre dinamiche culturali, altri ordini di valori che trascendono le localizzazioni contingenti e anzi, come direbbe Slavoj Žižek, si diffondono con un movimento *epidemico* in un reale che appare esso stesso periferico rispetto alle proprie proliferazioni immaginarie.

Ma la questione si pone anche da un altro punto di vista, che almeno per quanto concerne la fotografia appare imprescindibile. Come ci mostra tutto il pensiero fenomenologico, infatti, una struttura spaziale non si dà mai senza un corpo che la attraversi e la organizzi ponendosi come un'*interfaccia* rispetto a essa. Così ogni mutazione di regime scopico è sintomatica al tempo stesso di una duplice trasformazione: di una reazione agli stimoli "esterni" – di una trasformazione degli schemi «senso-motori» sottesi all'atto del vedere, per dirla con Deleuze – e di una conseguente riconfigurazione dello spazio simbolico "interno". Nelle attuali rappresentazioni della spazialità urbana il nesso tra la struttura spaziale e la dimensione propriocettiva del corpo[7] sembra delinearsi di conseguenza in una sorta di dislocamento *patologico* (è proprio nel tentativo di definire questa esperienza patologica, fondamentalmente schizofrenica, della spazialità contemporanea che Jameson ha coniato la fortunatissima definizione di «sublime postmoderno»). Al decentramento topologico dei luoghi, privati della propria identità storico-politica, ma soprattutto della propria «verità» e dimensione «poetica»[8], relegati al ruolo di mero supporto logistico rispetto a flussi economici e rappresentazioni immaginarie tanto dislocate e sfuggenti nello spazio "esterno" quanto vincolanti in quello "interno", corrisponde una sorta di lucido scollamento dalla realtà, distante dall'erranza del *flâneur* modernista quanto «la velocità dell'astronave [da] quella dell'automobile»[9].

Questo ci offre una ulteriore chiave di lettura riguardo all'idea di una dimensione patologica della visione fotografica nella sua fase postmoderna (in qualche modo uno sviluppo sul piano stilistico e visuale dell'idea secondo la quale «nel mondo moderno almeno, la maggior parte degli uomini vive un'esistenza di disperazione strutturata»)[10]. Soprattutto nella misura in cui essa mostra di lavorare in modo sistematico alla costruzione di modelli formali e percorsi conoscitivi ellittici o devianti, "illogici" rispetto ai punti di vista storicamente istituzionalizzati – in particolar modo in rapporto alla "naturale" percezione dello spazio e della corporeità. Su questo versante, il fenomeno di cui stiamo trattando appare sullo sfondo di una precisa linea di sviluppo, come ci mostrano gli studi condotti da Michel Foucault sul panoptismo e sulle strategie di controllo della devianza sociale, ad esempio laddove si evidenziano tutte quelle ossessioni di simmetria, geometria, automazione e dislocazione dello sguardo che stanno a rappresentare proprio il versante patologico della spazialità prospettica classica, quello che oggi riemerge nell'insistenza tipicamente postmoderna verso tutte le forme di *décadrage*[11] della visione o, al contrario, verso schemi visuali e costruzioni compositive maniacalmente geometrizzanti –

6_ Cfr. Robert Venturi, *Imparando da Las Vegas* (1972, *Learning from Las Vegas*), in Id., Denise Scott Brown, Steven Izenour, *Imparando da Las Vegas. Il simbolismo dimenticato della forma architettonica*, Cluva, Venezia, 1985.

7_ Cfr. Marc Augé, *Nonluoghi. Introduzione ad una antropologia della surmodernità* (1992, *Non-lieux*), Elèuthera, Milano, 1993, in part. pp. 58-59.

8_ Mi riferisco evidentemente alla notissima interpretazione heideggeriana del verso di Hölderlin che recita «poeticamente, abita l'uomo su questa terra». Cfr. Martin Heidegger, *Costruire abitare pensare*, in *Saggi e discorsi* (1954, *Wortrage und Aufsatze*), Mursia, Milano, 1976, pp. 135-138. L'influenza del pensiero di Heidegger si fa sentire con particolare forza nel saggio di Jameson già citato in questo scritto; lo studioso americano giunge al punto di ricalcarne il celebre passo sulle "scarpe da contadino" di Van Gogh, e lo fa in modo del tutto strategico, dal momento che proprio a partire da questo esempio trae la sua idea di una insanabile contrapposizione tra "profondità" modernista e "superficialità" postmoderna. Cfr. Fredric Jameson, *Postmodernismo, ovvero, La logica culturale del tardo capitalismo*, cit., pp. 24-32; Martin Heidegger, *L'origine dell'opera d'arte*, in *Sentieri interrotti* (1950, *Holzwege*), La Nuova Italia, Firenze, 1968, pp. 18-21.

9_ Fredric Jameson, *Postmodernismo, ovvero, La logica culturale del tardo capitalismo*, cit., p. 60.

10_ Clifford Geertz, *Interpretazioni di culture*, cit., p. 236.

11_ Cfr. Pascal Bonitzer, *Peinture et cinéma. Décadrages*, Cahiers du Cinéma, Paris, 1985.

che sono quanto di più lontano ci possa essere dalle stilizzazioni e distorsioni moderniste.

Di questa scissione, di questa frattura interna a un medesimo stato di cose, l'applicazione indiscriminata a ogni soggetto di uno schema *generale* e la dispersione di qualsiasi soggetto in una miriade di soluzioni *particolari* rappresentano dunque le due facce opposte e complementari. Due aspetti di una tendenza della fotografia contemporanea che a loro volta sembrano riflettere una più ampia condizione culturale in cui una sensazione diffusa di anonimato e la rivendicazione della propria unicità singolare – politica, religiosa, etnica, relativa allo status socioculturale, al genere sessuale ecc. – si vanno via via a sovrapporre. Tutto ciò ha naturalmente a che fare anche con la percezione del rapporto tra il paesaggio e il momento storico in cui viviamo, e di conseguenza con le forme e i modi attraverso i quali il paesaggio è percepito e rappresentato. Se infatti, come scrive Augé, «il rapporto con la storia che ossessiona i nostri paesaggi è forse in fase di estetizzazione e, simultaneamente, di desocializzazione e artificializzazione»[12], è pure vero che tale processo si inserisce in un movimento generale di rapidissima obsolescenza delle funzioni che storicamente hanno connotato i luoghi nella loro specificità, e dato senso al nostro rapporto con essi. Tra gli effetti di questo intreccio tra trasformazioni che avvengono nello spazio e trasformazioni che avvengono nella percezione che abbiamo di esso, e dunque nei modelli che utilizziamo per rappresentarlo, c'è anche quello, piuttosto paradossale, che Jameson ha descritto a livello di logiche culturali globali come una tendenza verso forme di "storicismo libidico e regressivo", in cui rientrano fenomeni trasversali e di ampissima diffusione come la moda del *vintage* o del *remake*, e che qui possiamo invece identificare con una propensione, tipica delle rappresentazioni postmoderne del paesaggio, verso la *monumentalizzazione*[13] dell'effimero, l'assegnazione di un valore culturale universale, o fortemente metaforico di una condizione esistenziale diffusa, a realtà locali connotate invece in senso meramente strumentale oppure ovvie, ingenue, "povere di significato".

Luoghi che – insieme al web, altra sterminata appendice simbolica della vita reale, gigantesca macchina di produzione immaginaria capace di orientare quotidianamente le attese, i desideri e i comportamenti di milioni di anonimi protagonisti della "società dello spettacolo" – rappresentano i nuovi centri motori di un mondo divenuto periferico rispetto a se stesso, alla sua storia culturale: centri evanescenti soggetti a una mutevolezza che è congenita alla loro totale dipendenza rispetto ai colossali flussi dell'economia globale, ma edificati in modo da resistere infinitamente più a lungo degli antichi monumenti del potere e della cultura, seppure talvolta in uno stato di perenne agonia. Paradossalmente, infatti (e la fotografia contemporanea si è nutrita di questo paradosso), la topografia effimera del paesaggio postindustriale si compone di materiali come il cemento armato, l'acciaio, l'alluminio, il vetro, la plastica: sostanze incorruttibili, fatte per durare nel tempo ma la cui funzione si esaurisce spesso in qualche decennio, a volte in pochi mesi come accade per le immense strutture realizzate in occasione di eventi mediatici eccezionali come le olimpiadi o i grandi meeting politici ed economici internazionali. Una simile compresenza di stabilità ed evanescenza, solidità e vacuità rappresenta forse la manifestazione più tangibile di quel generale processo di «deterritorializzazione» dell'esperienza che connota l'era postindustriale: i cui sintomi divengono ora così perversamente magnetici – perché in qualche modo vi ritrova lo specchio della propria crisi epistemologica – per una fotografia a sua volta smarrita, scissa tra il suo passato di tecnica della memoria e il suo futuro di apparato generatore di simulacri.

Quanto detto finora dovrebbe in qualche modo fornire un retroterra teorico alle mie considerazioni sul lavoro di Roberto Bossaglia: sul suo modo di porsi rispetto a una lunga tradizione iconografica e soprattutto sul suo approccio alla rappresentazione del paesaggio urbano contemporaneo, un tema che ne ha attraversato tutta la produzione evolvendosi con rara coerenza attraverso una serie di sottili slittamenti di metodo e di sensibilità: dalle ricognizioni "a tema" dei primi anni ottanta del novecento, dedicate a taluni aspetti molto specifici del territorio romano (i rioni storici, l'architettura fascista e razionalista) e napoletano (il rapporto tra la città, i suoi abitanti e il mare), cui il fotografo giunge dopo una breve ma lucidissima fase di sperimentazione «analitica» e concettuale, fino alla sua partecipazione alle principali campagne fotografiche sul territorio italiano degli anni ottanta, novanta e duemila, dove la sua "idea di paesaggio" trova una particolare sintonia, molto personale, talvolta un po' diffidente, con quella cifra stilistica post-DATAR che ha segnato tutta un'epoca della fotografia italiana, uniformandone per certi versi le pluralità linguistiche e le specificità locali. Sotto questo aspetto il lavoro dell'ultimo decennio – del quale in diverse occasioni ho avuto la fortuna di essere un testimone

12_ Marc Augé, *Nonluoghi. Introduzione ad una antropologia della surmodernità*, cit., p. 69.
13_ Cfr. Michel Foucault, *L'archeologia del sapere* (1969, *L'archéologie du savoir*), Rizzoli, Milano, 1971, pp. 13-14; Jacques Le Goff, *Documento/monumento*, in *Enciclopedia*, Einaudi, Torino, 1978, vol. V, p. 38.

privilegiato, e talvolta un diretto interlocutore – va letto alla luce di una sensibile e attenta "partecipazione distante", di una volontà di comprendere senza farsi omologare, cosa stava accadendo alla nostra fotografia e parallelamente al nostro paesaggio. In questa fase l'approccio alla rappresentazione del territorio, sempre lungamente meditato, si fa più errante, umorale; entrano in gioco logiche costruttive più aperte all'imprevisto, alla scoperta casuale; e al tempo stesso subentrano scelte meno ortodosse rispetto alle tendenze dominanti, come quella di intervenire pittoricamente sulle fotografie, riscattando in qualche modo la banalità dei luoghi fotografati attraverso una cura meticolosa degli aspetti materico-percettivi dell'immagine; o di costruire le serie fotografiche sulla base di libere associazioni legate alla frequentazione quotidiana dei luoghi, all'osservazione costante, reiterata per lunghissimi periodi, delle loro trasformazioni nel tempo in rapporto al mutare della luce, delle stagioni, della vita urbana. Il passaggio dal bianco e nero al colore, che Bossaglia sperimenta per la prima volta in modo sistematico con un lavoro su Parigi esposto a Roma nel 2008, rappresenta in tal senso l'ultimo sviluppo di un percorso in cui, gradualmente, la riflessione si sposta dalla "materia della fotografia" allo "spirito dei luoghi", nonché da motivazioni di ascendenza tutto sommato ancora modernista e strutturalista (l'organicità e l'autonomia linguistica del lavoro, la sua esaustività rispetto alla situazione indagata) a un approccio invece tipicamente postmodernista: poliforme, talvolta volutamente irrisolto, per certi versi polverizzato in una pluralità di stimoli che coesistono gli uni accanto agli altri. Così accanto agli elementi più classici della sua fotografia (la ciclicità della luce, il senso dello spazio e della sua profondità prospettica, il rapporto tra territorio e architettura, le relazioni tra vicino e lontano) entrano in gioco nuovi temi e una nuova inquietudine di fronte alla scoperta di un paesaggio sempre più artificiale, mediatizzato, scollato dall'esistenza quotidiana dei suoi abitanti.

In tal senso i maggiori elementi di novità riguardano non tanto il lavoro sull'immagine, sulla singola icona, quanto l'approccio generale, l'impostazione del metodo. Attraverso un passaggio che a me sembra cruciale per comprendere la produzione più recente del fotografo, si passa da un metodo per certi versi affine a quello dei New Topographics americani, basato sul principio della *mappa*, dell'analisi strutturale di una città a partire da snodi e direttrici significative – è l'impostazione adottata in *Perifanie*, dove Bossaglia costruisce i diversi capitoli del suo lavoro seguendo i principali assi di sviluppo delle periferie romane – a un approccio basato invece sul principio del *percorso* soggettivo, che trova pieno sviluppo in *Sogno metropolitano*, un progetto che l'autore esplicitamente associa a uno stato mentale, a un suo *spleen* privato, dove la struttura finale, affrancata da qualsiasi pianificazione preventiva, è raggiunta a partire da una serie di suggestioni incontrate quasi per caso e raccolte nel corso dei tragitti che quotidianamente egli compie dalla sua casa al suo studio. Al primo corrisponde la messa in atto di una sorta di regia o coreografia che preliminarmente, come a voler guidare "dall'alto" il rilevamento fotografico dei luoghi, conferisce al lavoro complessivo una struttura reticolare, con richiami interni e punti di snodo. Al secondo l'emersione di una dimensione più intima dello sguardo, dove le icone sembrano quasi nascere "da sole", come reminescenze personali sedimentatesi lungo i percorsi nello spazio.

Si rafforza così la tendenza, del resto costante nell'opera di Bossaglia, ad assumere un punto di vista "ad altezza d'uomo", a raccontare la città dalla prospettiva del suo vissuto quotidiano, fatto di piccole avventure dello sguardo che avvengono lungo il cammino, di epifanie improvvise che svelano assurdità del paesaggio o tesori nascosti nella banalità di luoghi tanto lungamente frequentati da essere quasi *introiettati*. Ma ciò non implica in nessun modo un ripiegamento intimista, una fuga nel privato, né un rifiuto della veduta e dei processi simbolici che essa sottende. Al contrario ciò che entra in gioco, che deliberatamente si insinua all'interno del metodo adottato nel rilievo fotografico dei luoghi, è proprio il turbamento o la consapevolezza di una nuova spazialità urbana che non si offre più in una dimensione frontale, prospettica, logicamente organizzata attorno ad alcuni nuclei fermi capaci di orientarne la struttura – ad esempio edifici e complessi monumentali dalla forte valenza simbolica – ma può essere colta solo "facendosi guidare dall'architettura", seguendo i tracciati che essa impone all'individuo laddove in qualche modo riesce a "programmarne" la motricità. Sto richiamando qui le parole con cui lo stesso autore mi ha descritto l'approccio adottato nel suo lavoro su Monaco di Baviera; parole che, mi sembra, riecheggiano in modo abbastanza esplicito la nota interpretazione jamesoniana della spazialità postmodernista in quanto struttura che «è riuscita infine a trascendere le capacità di orientarsi del singolo corpo umano, di organizzare percettivamente l'ambiente circostante e, cognitivamente, di tracciare una mappa della propria posizione in un mondo esterno cartografabile»[14]. Bossaglia non tenta

14_ Fredric Jameson, *Postmodernismo, ovvero, La logica culturale del tardo capitalismo*, cit., p. 60. Jameson ritorna più volte su questo tema sviluppandone le molteplici implicazioni di ordine psicologico, estetico, storico, politico. Sostanzialmente per il filosofo

in nessun modo di "cartografare" il paesaggio urbano; differenziandosi sotto questo aspetto da una certa tendenza del vedutismo contemporaneo – in verità ormai abusata al punto da rasentare il clichè, lo stereotipo di genere – il suo sguardo rifugge con decisione qualsiasi intento descrittivo o tassonomico. Sembra piuttosto voler assecondare i ritmi che naturalmente emergono dai luoghi, lasciandosi condurre dai percorsi obbligati che ne scandiscono le funzioni e il "valore d'uso".

Il risultato potrebbe essere descritto come una strana sovrapposizione tra una struttura simbolica densa di stratificazioni culturali, e la percezione di una spazialità invece del tutto inedita, rispetto alla quale non si può che rimanere spiazzati. Al di là del piano manifesto del lavoro, dove emergono in modo piuttosto esplicito alcuni nodi problematici tipici dell'intera parabola storica della veduta fotografica (come le classiche dicotomie antico/moderno, naturale/culturale, permanente/mutevole: questioni che la fotografia ha scandagliato fin dai suoi esordi e che ormai fanno parte di un suo bagaglio quasi archetipico di temi) mi sembra che l'aspetto più interessante del lavoro risieda esattamente in questa sovrapposizione che si viene a creare a livello di strutture simboliche latenti, tra un preciso modello di spazio e di visione e un paesaggio che di fatto *non gli corrisponde più*.

Bossaglia appare perfettamente consapevole di una simile dialettica – al punto da volgerla a suo favore imperniandovi di fatto il suo metodo di lavoro – laddove descrive i luoghi che ha fotografato nei termini di uno spazio "imprevedibile", che "sorprende", che "non si fa abitare". Rispetto a esso, allora, ciò che si delinea è innanzitutto una necessità di *orientarsi*, di trovare dei punti di riferimento; e ciò accade sia a livello di costruzione delle singole immagini, o di piccoli gruppi di immagini, sia a livello di organizzazione generale della sequenza. Nel primo caso taluni elementi strutturali sembrano agire come "reminiscenze" del modello vedutistico classico: ad esempio la scansione geometrica dei piani e delle superfici; la presenza di "quinte" che inquadrano lo spazio come se lo si osservasse attraverso un boccascena; la continuità spaziale di alcune coppie di fotografie, che riecheggia una spazialità di tipo panoramico, quasi ottocentesca; ma soprattutto l'inserimento costante (del tutto anomalo rispetto ai codici della veduta fotografica tardo-novecentesca e perciò tanto più rilevante) di figure umane, talvolta mostrate nel ruolo di "osservatori" interni allo stesso paesaggio (come accade nella fotografia topografica e geografica del XIX secolo) che, analogamente alle classiche "figure terzine" della veduta pittorica, hanno la funzione di "abitare" lo spazio provvedendolo di un'unità di misura, di una scala delle distanze e delle relative dimensioni degli edifici.

Nel caso dell'organizzazione della sequenza fotografica, giunta alla sua struttura definitiva dopo una lunga serie di rimaneggiamenti, sostituzioni, interpolazioni, alcuni elementi dell'architettura o dell'arredo urbano, che il fotografo accomuna definendoli genericamente "totem", assumono invece la valenza di rimandi interni che consentono allo sguardo di orientarsi, analogamente a quanto accade in uno spazio virtuale. A riguardo, viene in mente il modello delle *street views* cui è possibile accedere su internet facendo una ricerca con Google Maps: rilievi fotografici di intere città dove l'utente non si orienta più in base al classico principio della visione dall'alto per mezzo di una mappa, ma procedendo per spostamenti successivi legati gli uni agli altri dalla (mera) identificazione di elementi che fungono da cardine tra le diverse vedute del territorio urbano. Il termine "totem" identifica bene sia la valenza del tutto pragmatica che assumono questi elementi in rapporto alla visione, in quanto *emergenze* del paesaggio o rilievi che svettano rispetto allo *skyline* della città; sia la loro metaforica "stranezza", la loro natura di silenziose presenze capitate chissà come in un dato punto del tessuto urbano. Mi sembrano particolarmente significative, in tal senso, le due immagini della torre della BMW e della scultura-lumaca: nulla infatti nel territorio circostante ci fa capire perché quelle presenze così appariscenti siano sorte *proprio lì*, eppure esse consentono allo sguardo di orientarsi in uno spazio che altrimenti apparirebbe del tutto insensato. In entrambi i casi la prominenza del "totem" rispetto all'anonimato del contesto in cui esso campeggia non sembra rispondere ad alcuna «logica culturale» intrinseca nella pianificazione urbana, ma semmai a un'esigenza meramente logistica (nel primo caso) o decorativa (nel secondo), comunque avulsa dal contesto, la quale va a coprire come una foglia di fico proprio questo iniziale vuoto di senso che è il minimo comun denominatore di tutto il paesaggio globalizzato contemporaneo: di quell'immenso *terrain vague* genericamente urbanizzato dove gli edifici – per usare ancora le parole di Bossaglia – "sorgono già obsolescenti, pronti per essere subito rimpiazzati da nuovi edifici".

Questa idea di una monadica stranezza-estraneità del "totem" urbano[15] associata alla sua massima

americano la questione della nuova spazialità postmodernista implica «un dilemma nuovo e storicamente originale, il quale comporta il nostro inserimento di soggetti individuali in un insieme a più dimensioni di realtà fortemente discontinue, che vanno dagli spazi ancora superstiti della vita privata borghese fino all'inconcepibile decentramento del capitale globale». Ivi, p. 410.

15_ Un modello che forse oggi trova la sua manifestazione più compiuta in quelle strane oasi dello shopping chiamate *Outlet*, aggregati

«esponibilità», al suo valore intrinsecamente visivo del tutto laicizzato[16] mi sembra insomma a sua volta funzionare al contempo come una metafora del nuovo paesaggio architettonico «in fase di estetizzazione e, simultaneamente, di desocializzazione e artificializzazione» (per richiamare le parole di Augé già citate) e come una metafora della visione fotografica nella sua fase postmoderna, della sua crisi epistemologica di fronte a un mondo in cui realtà e finzione, essenza e apparenza si intrecciano in forme sempre più inestricabili, in cui anzi la finzione si definisce come uno dei modi di essere della realtà, «è parte costitutiva della nostra modalità di (non)cogliere completamente la realtà»[17]. Le immagini di Bossaglia ci mostrano, tra l'altro, uno dei modi attraverso cui la fotografia contemporanea sta affrontando questo dilemma.

di attività commerciali perfettamente autonomi, del tutto separati dal contesto urbano, in genere posti ai margini di aeroporti o importanti snodi autostradali. Si tratta di vere e proprie città virtuali edificate – e spesso abbandonate al degrado – in tempi rapidissimi con grandi moduli standard in cemento armato, poi rivestiti di pannelli decorati come set cinematografici, a simulare per ogni negozio un aspetto in linea con il suo *brand* commerciale. Il risultato è un pastiche veramente postmodernista di stili architettonici quasi feticizzati: un "iperspazio" simbolico dove si può passare senza soluzione di continuità da un *saloon* ottocentesco a un loft newyorkese, da una stazione ferroviaria *art nouveau* a una baita di montagna. La fotografia contemporanea si è ovviamente rivelata particolarmente avida di questi «nonluoghi» così simili a dei luna-park per adulti, a ulteriore conferma della loro ambigua valenza di simulacri del nostro rapporto con lo spazio architettonico in cui viviamo.

16_ Configurazione estetica preannunciata da Benjamin proprio in rapporto alle arti della riproducibilità tecnica, quando scriveva che «oggi, attraverso il peso assoluto assunto dal suo valore di esponibilità, l'opera d'arte diventa una formazione con funzioni completamente nuove, delle quali quella di cui siamo consapevoli, cioè quella artistica, si profila come quella che in futuro potrà venir riconosciuta marginale». Walter Benjamin, *L'opera d'arte nell'epoca della sua riproducibilità tecnica* (1936, *Das Kunstwerk im Zeitalter seiner technischen Reproduzierbarkeit*), Einaudi, Torino, 1966, p. 28.
17_ Marco Senaldi, *Doppio sguardo. Cinema e arte contemporanea*, Bompiani, Milano, 2008, 16.

FRANCESCO FAETA
Costruzioni sociali del reale: immagini e città

Le fotografie di Roberto Bossaglia, tra numerosi meriti che altri, in più occasioni, hanno saputo evidenziare, hanno quello di riportare periodicamente la mia attenzione, e la mia tensione riflessiva, sullo spazio urbano (un oggetto, per altro, per me, studioso dei contesti rurali dell'Europa meridionale, tanto denso di fascino e interesse quanto relativamente desueto). Così è accaduto, negli anni Ottanta del secolo scorso, per Napoli e per la parte monumentale di Roma; così è accaduto, ancora, alcuni anni più tardi, per la periferia della capitale; così è accaduto, ulteriormente, per Parigi, nel 2007; così accade oggi per Monaco di Baviera (progetto realizzato nel 2009 che, per l'affettuosa stima e amicizia che mi legano a Bossaglia, mi coinvolge, sebbene in qualità di antropologo sociale; *in partibus infidelium*, dunque, rispetto agli amici e colleghi storici dell'arte e della fotografia, che con ben maggiore cognizione di causa e autorevolezza possono scrivere delle immagini che l'osservatore ha sotto gli occhi e del loro autore)[1].

Lo spazio urbano, dicevo, argomento da me relativamente poco frequentato, è tuttavia un oggetto di piena pertinenza dell'antropologia sociale contemporanea (che ha da lungo tempo abbandonato, si sa, i suoi luoghi tradizionali, la foresta, il mondo rurale, la tribù o l'etnia). É un oggetto, però, poliedrico e mutevole: Napoli, Roma, Parigi e Monaco, per restare negli spazi e nei tempi di Bossaglia, malgrado alcune somiglianze (wittgensteiniane arie di famiglia), non sono la stessa cosa; gli anni Ottanta non sono il 2010.

La città occidentale, a quest'ultimo riguardo, in brevissimo tempo, si è trasformata da luogo *esemplare* della modernità a luogo *simbolico* della post-modernità e delle sue problematiche sociali (ha dunque perso, tra altre cose, la sua carica veridica, pedagogica ed educativa, per divenire essenzialmente simulacro, nel senso che Jean Baudrillard assegna al termine[2]). Le città, com'è noto, si sono imposte come forma abitativa paradigmatica del pianeta, in un tempo relativamente recente e breve; si sono costruite, poi, come modello esplicito della modernità, a partire dall'Ottocento (e, in questo senso, la riflessione benjaminiana su Parigi, capitale del diciannovesimo secolo, con il suo sapiente intreccio tra idee dell'edificazione urbana, pratiche dell'agire metropolitano e modelli della rappresentazione iconografica e fotografica, ha costituito uno straordinario esperimento conoscitivo[3]); si sono fatte carico, infine, una manciata di decenni più tardi, di quella particolare idea anti-olistica, segmentaria e frammentata della realtà, che ha costituito il carattere distintivo e relativamente omogeneo (trans-nazionale e globale) dell'esperienza post-moderna.

Ma, malgrado la vicenda attraversata dalla dimensione urbana sia stata, *grosso modo*, un po' ovunque, quella che ho riassunto, sia pur con significative sfasature temporali, gli esiti spaziali, architettonici e urbanistici sono stati piuttosto diversi di luogo in luogo.

Diversi in Occidente, innanzitutto, dove la città ha seguito tutto il percorso di formazione e trasformazione anzidetto: le quattro città cui Bossaglia ha dedicato particolare attenzione, a esempio, hanno declinato l'idea urbana in forme del tutto dissimili, come del resto un puntuale confronto tra le sue immagini non tarda a rilevare. Ma si pensi alla dissomiglianza esistente, a esempio, tra Washington, con la sua

1_ Per quel che concerne il lavoro di Bossaglia ricordato nel testo, si vedano, essenzialmente, C. De Seta (a cura di), *Napoli, città sul mare con porto*, Electa, Milano, 1982; R. Bossaglia, *Roma, un itinerario nella memoria*, con scritti di C. De Seta, F. Menna, I. Zannier, Roma, Tilligraf, 1986; Id., *Perifanie. Roma: appunti sul nuovo paesaggio urbano*, con scritti di F. Faeta, M. Miraglia, F. Moschini, Roma, Edizioni Kappa, 1995; Id., *Cahier Parisien*, con uno scritto di R. Valtorta Roma, Officina d'Arte al Boschetto, FotoGrafia-Festival Internazionale di Roma, 2008.

2_ Si veda J. Baudrillard, *Simulacri e impostura. Bestie, Beauburg, apparenze e altri oggetti*, Bologna, Cappelli, 1980.

3_ Cfr. W. Benjamin, *Parigi, capitale del XIX secolo* (a cura di R. Tiedemann e, per l'edizione italiana, di G. Agamben), Torino, Einaudi, 1986.

idea di *urbs* federale e imperiale, e Los Angeles, con il suo babelico etnorama, violento e tollerante al contempo; o a quella che è possibile rilevare, per tornare più vicino a noi, tra lo spazio isomorfo e reticente della nuova area metropolitana di Monaco e quello polimorfo e asseverativo del nuovo centro di Berlino.

Ma diversi anche su scala planetaria. Malgrado gli sforzi per occidentalizzare la città, per metterla in sintonia con il mercato e con la circolazione globale del turismo, per fornirla di strutture e infrastrutture simili nella funzione e somiglianti nella forma (l'aeroporto, il metrò, il centro commerciale, il memoriale dello Stato-nazione, il museo dedicato alle glorie artistiche locali, l'albergo a sette stelle, i *tapis roulant*, gli svincoli autostradali, i grattaceli), il Cairo, Madīnat Dubaī, Munbay o Mexico City, continuano a mantenere fisionomie meticce che, mentre hanno del tutto cortocircuitato la logica e la struttura moderne, assemblano dentro l'apparenza post-moderna profonde stratificazioni arcaiche, reminiscenze etniche riplasmate in mille modi, memorie e pratiche di mondi coloniali e post-coloniali assai simili a quelli ottocenteschi; ovvero coltivano scoperte utopie che stravolgono il concetto occidentale di abitabilità per costruire una forma-monumento, la cui essenza stessa è costituita dall'inabitabilità. Al Cairo, per fare soltanto qualche esempio, si abita (decine di miglia di persone abitano) nella città dei morti, con una commistione spazio-temporale, con un'ibridazione delle pratiche e delle rappresentazioni, con un uso della città e della sua idea che è del tutto impensabile e incomprensibile a Roma, a Stoccolma o a New York. A Madīnat Dubaī la forma artificiale dell'insediamento determina l'assoluta preminenza scopica della città, condiziona programmaticamente lo stare, al punto tale da avere una sovversione del tradizionale rapporto occidentale esistente tra idea di città e pratiche abitative (lì si edifica la città sulla base di un regime visivo planetario, supposto come imperante e dilagante, attorno a cui faticosamente aggregare, su base sempre temporanea, mi si perdoni l'espressione ossimorica, le eventuali esigenze dell'abitare).

La fotografia di Bossaglia, a mio avviso, registra con singolare puntualità gli aspetti della dimensione urbana che ho testé rilevato (e per questo ho sempre considerato la sua rappresentazione del tutto interna al discorso antropologico e indispensabile apporto per la conoscenza etnografica dei luoghi).

Lo fa, innanzitutto, per un motivo strutturale attinente al mezzo, quando questo è adoperato nella pienezza del suo registro: la fotografia appare come il *medium* elettivo per la critica dello spazio urbano. La mutazione di tale spazio, della struttura architettonica, come delle infrastrutture urbanistiche, dei modi di organizzazione della relazione sociale come delle memoria, è stata registrata con una ricchezza di approcci e di soluzioni figurative assai rimarchevole (si potrebbe affermare che la mutazione della città, nel tempo e nello spazio, abbia prodotto e produca una parallela mutazione del modo di vedere e di narrare per immagini, e viceversa; "la fotografia ha sempre 'risposto' alla città tenendo conto della complessità visiva di quest'ultima, sia come immagine sia come esperienza", ricorda Graham Clarke[4]). Si pensi, per ricordare soltanto alcune delle innumerevoli esperienze possibili, alla restituzione delle strade newyorchesi di Alfred Stieglitz, della vita degli immigrati del Lower East Side, nella stessa città, di Jacob Riis o di Lewis Hine; ancora per New York, alle immagini di Walker Evans, Berenice Abbott, Joel Meyerowitz, Michael Spano o Helen Levitt; si pensi a Eugene Atget, Brassaï, André Kertész, Jacques Henry Lartigue, Ilse Bing, Édouard Boubat, Willy Ronis, per quel che concerne Parigi[5].

Lo fa, poi, per la particolare cifra culturale che l'autore impiega al cospetto dello spazio urbano. Bossaglia possiede una formazione matematica e scientifica, ha un approccio che definirei strutturalista alla realtà che rappresenta, che gli consente di fare i conti con il carattere sintetico e analitico della fotografia, proviene da un contesto professionale rigorosamente impegnativo, qual è quello della fotografia di architettura, esercitata per anni con risultati di qualità che il lettore potrà facilmente verificare attraverso lo spoglio delle riviste cui egli ha prestato la sua opera[6]. Naturalmente, una cosa sono, per lui, le immagini realizzate su committenza, che tendenzialmente postulano una restituzione esatta e tecnicamente orientata delle architetture, altra cosa quelle che pongono attenzione alle architetture come segno dell'uomo, cui egli ha dedicato il suo particolare impegno creativo. Tuttavia, anche quando si cimenta in quest'ultima direzione, Bossaglia esercita uno sguardo asciutto, condotto, sperimentalmente, sino al limite del perfezione tecnica (si tratti di far uscire dalla superficie delle sue carte baritate, "intonate" e virate al selenio e all'oro, da lui stesso magistralmente trattate, tutta la grana materica e tutta la luce

4_ G. Clarke, *La fotografia. Una storia culturale e visuale*, Torino, Einaudi, 2009, p. 82.
5_ Ivi, pp. 82-110.
6_ Si vedano, tra l'altro, "Abitare", "Area", "Domus", "Lotus international". Al di là delle campagne di lettura del paesaggio urbano, spesse volte condotte anche per enti pubblici o prestigiose istituzioni culturali, Bossaglia ha dedicato attenzione specifica a figure di architetti che hanno lavorato nella prima metà del Novecento o nella contemporaneità.

occidentale delle pareti romane, o di restituire, attraverso le stampe lambda di gradissimo formato il *plein air* interamente a fuoco dello spazio parigino), quasi a far pensare all'osservatore di essere di fronte a una riproduzione a uso specialistico di ciò che è rappresentato (a un documento), per spiazzarlo poi attraverso la messe di riferimenti colti e autoriali deposti sulla superficie dell'immagine. Credo sia stato per primo Cesare De Seta, anni fa, a sottolineare il carattere di costrutto visivo delle immagini di Bossaglia, la loro *identità architettonica*, per così dire[7]. Non posso che sottolineare, a distanza di tempo, la perspicuità di questa analisi. Bossaglia opera una lettura dello spazio che non è mera riproduzione o documentazione, ma, in omaggio all' idea wittgensteiniana di definizione dell'immagine, un modello concettuale della realtà. Le sue fotografie sanno cogliere la nozione di spazio che è sottesa a una determinata plasmazione architettonica o urbanistica e, anche per questo, si costituiscono come parte importante della rappresentazione antropologica della realtà. É noto come l'antropologia sia nata e si sia sviluppata contemporaneamente alle forme di rappresentazione moderna del campo visivo, alla fotografia e al cinema. Ciò che è meno presente alla riflessione è il carattere epistemologico che l'esercizio dello sguardo e lo studio della visione hanno avuto riguardo al contesto disciplinare complessivo. Il lavoro di Bossaglia è sempre attentamente consapevole del carattere costruito della rappresentazione spaziale e architettonica, del modello ermeneutico che la ispira, del tratto epistemologico che il testo fotografico possiede rispetto alla realtà e al processo di sua raffigurazione. Contemporaneamente, come egli stesso sovente ricorda, si caricano di una dimensione poetica (nel senso originario di *poiesis*, oltre che di poesia), che le trasforma in narrazioni del "sentimento dei luoghi".

Quanto sin qui detto ci introduce alla lettura delle immagini monegasche che abbiamo di fronte.

Confesso, a tal proposito, di non avere informazioni del tutto sufficienti per comprendere le logiche della trasformazione urbana proprie di questa città, per poter mettere con ciò compiutamente in relazione la tensione interpretativa di Bossaglia con la imprescindibile realtà referenziale che gli fa da guida e orizzonte. So che Monaco è uscita assai provata, come molte altre città tedesche, dalla guerra, e privata della sua peculiare *forma urbis*, quale una lunga storia di civiltà, di mercati e culture, l'aveva plasmata. So che il problema della ricostruzione di tale *forma urbis* è stato fortemente avvertito nella Germania post-bellica e resta fortemente avvertito, nel dibattito culturale di questa nazione, ancor oggi. So che, nei tempi più recenti, tale problema si è coniugato con quelli dell'espansione industriale delle città, della crescita demografica e dell'immigrazione. So che le città tedesche del dopoguerra, e tra queste sicuramente Monaco, sono state ricostruite con meticolosa determinazione filologica, cui la fotografia ha prestato copiosi mezzi, e anche, in molti luoghi, con un disinvolto oblio delle vicende e della Storia, alla ricerca di una forma urbana del tutto nuova che desse orizzonte al bisogno di rigenerazione e palingenesi della nazione democratica tedesca. Martin Heidegger stesso, come ho già avuto modo di ricordare in altra occasione[8], scriveva dell'abitare come *topos* filosofico, ma in stretta relazione con una Storia che postulava di fare i conti con un *habitat* radicalmente compromesso dalla guerra[9]. Ritengo che su queste due opposte ipotesi della memoria urbanistica e architettonica tedesca, e sugli aspetti legati all'*ethos* dell'abitare, cui essi rinviano, occorrerebbe riflettere a lungo (nella prospettiva della decifrazione del processo di costruzione della nostra comune identità europea), per quel che di universale e continentale, per quel che di particolare, legato alla concreta vicenda nazionale, esse hanno.

Una città, dunque, che alterna oggi i segni puntigliosamente ricostruiti di un passato di lungo periodo, con le nuove prospettive urbane, audaci, anonime e tendenzialmente isomorfe, secondo un modello insieme occidentale e globalizzato e normalizzato: accanto alla Torre dell'Orologio o alle facciate delle chiese, cattolica, di San Gaetano, o luterana, di San Luca (basterebbe riguardare le loro architetture per comprendere qual è stato, il ruolo assegnato alla diversità e alla distinzione, nei processi di costruzione delle realtà politico sociali europee), alla casa *jugendstil* di Martin Dülfer, dunque, la sottostante stazione della metropolitana di Muenchner Freiheit o del Georg Braucle Ring (che piacerebbero a Marc Augé, proprio per quel loro dire e negare, al contempo, la Storia[10]), la Sinagoga Ohel Jakob o le torri

7_ Cfr. C. De Seta, *Forma ed immagine*, in R. Bossaglia, *Roma, un itinerario nella memoria*, cit., s. n. p.

8_ Cfr. F. Faeta, *Le architetture e il cielo. Immagini di un sito post-moderno*, in R Bossaglia, *Perifanie. Roma: appunti sul nuovo paesaggio urbano*, cit., pp. 15-24.

9_ Cfr. M. Heidegger, *Costruire, abitare, pensare*, e *"...Poeticamente abita l'uomo"*, in *Saggi e discorsi* (a cura di G. Vattimo), Milano, Mursia, 1976, pp. 96-108 e 125-137.

10_ Si vedano M. Augé, *Un etnologo nel metrò*, Milano, Eleuthera, 1992, e, più recentemente, Id., *La città tra immaginario e finzione*, in *Disneyland e altri non luoghi*, Torino, Bollati Boringhieri, 1999, pp. 94-114; Id., *Il metrò rivisitato*, Milano, Raffaello Cortina Editore, 2009.

dell'Olympiaturm o del vicino grattacielo e museum della BMW (alcuni di questi luoghi compaiono in suggestive e dense restituzioni di Bossaglia).

Ciò che mi sembra di poter affermare è che la città europea post-moderna si struttura su questa commistione di segni particolari, sulla compresenza di un antico, spesse volte re-inventato, e di un nuovo, quasi sempre meta-storico, sullo spartito di una tensione universalistica cui fa da contrappunto l'istanza locale, a volte pesantemente riaffiorante.

Le immagini di Bossaglia qui presentate descrivono i segni di questa complessa linea di elaborazione della forma urbana, di questa sua declinazione europea, così apparentemente eguale al modello universale, così, in realtà, peculiare. Linee di fuga tendenzialmente infinite, architetture omologhe, spazi che unificano fittiziamente luoghi in realtà assai diversificati dalle economie, dalle costruzioni sociali, dalla Storia e dalle logiche della memoria e dell'oblio, indizi di un'identità planetaria, ostentata come moneta nobile per coprire il rimorso profondo di un'appartenenza e di un radicamento locali. Ma, in realtà, ogni immagine contiene un segno che rinvia a un'identità tenace, anche se contraddetta, a una volontà di questo spazio di essere, ancora una volta e malgrado tutto, europeo e tedesco: una lumaca variopinta che fuoriesce ingrandita dal suo abituale rifugio d'erbe, una serie di case in stile bavarese che fanno da sfondo ai (sempre eguali) corridoi urbani, il rapporto irrisolto e però ordinato tra città e campagna, le ironiche evocazioni della dimensione artistica contemporanea, la coesistenza speculare del vecchio e del nuovo in una serie di vetrine, il fantasma della presenza cristiana riflesso sopra un muro, il carattere algido di certe superfici e di certe scansioni spaziali, le tracce lasciate nello *skyline* globalizzato dalle minuscole attività indigene o degli immigrati, la rarefazione stessa della presenza umana, che rinvia alla solitudine, al culto per l'interno, alla dimensione guardinga del vivere sociale.

Un'ultima riflessione, infine, anche se al semplice stato di abbozzo, per rispettare i limiti di spazio assegnatimi. Una riflessione che mi riporta nel contesto che con più interesse sto ora frequentando, quello relativo alla dimensione temporale delle immagini, e dunque a un ulteriore motivo d'interesse, per me, delle fotografie di Bossaglia. Si deve a Filiberto Menna la sottolineatura, anni fa, della sospensione temporale che tali fotografie evidenziano. Esse mettono in scena un "tempo congelato e metafisicamente sospeso"[11]. Un tempo che, come ricorda Bossaglia stesso in un suo sintetico e lucido intervento, addita il carattere duraturo, "la grande durata temporale dell'architettura che vi è raffigurata"[12]. Le fotografie, come ricorda Philippe Dubois, sono costruite attraverso una radicale, quanto ermeneuticamente rischiarata, cesura spazio-temporale[13]. Esse dunque, se adeguatamente interrogate, consentono di comprendere le idee dello spazio e del tempo che l'autore possiede. Ciò che ulteriormente il lavoro di Bossaglia indica è che anche gli oggetti ritratti, in quanto forme del tempo, possiedono una loro verità interpretativa rispetto a esso. Interrogare le sue immagini significa anche, dunque, interrogare i rapporti che legano dimensioni temporali diverse in una concatenazione epistemologica significativa.

11_ Cfr. F. Menna, *Un'altra scena*. Napoli, Studio Trisorio, 1977, pres. dattiloscritta.
12_ R. Bossaglia, *Dalla parte del fotografo*, in "Domus", settembre 1994, pp. 109-110, p. 110.
13_ Si veda Ph. Dubois, *L'atto fotografico*, Urbino, Quattro Venti, 1996, particolarmente le pp. 149 e segg.

ROBERTO BOSSAGLIA
Biographie

Roberto Bossaglia wird 1942 in Cagliari geboren. Er lebt und arbeitet in Rom, wo er seit 1981 als Dozent für Fotografie an der *Accademia di Belle Arti* tätig ist.

Seit 1975 arbeitet er als Fotograf für Zeitschriften wie *Domus*, *Abitare*, *Casabella*, *Lotus*, *Bauwelt*, *Le Moniteur Architecture*, *Composición Arquitectonica*, *Area* und *Harper's Bazaar*. Parallel zu den Auftragsarbeiten setzt er sich in seiner künstlerischen Arbeit mit urbaner Landschaft auseinander.

Kataloge (Auswahl)

❖ *Napoli '82*, Cesare De Seta (Hrsg.), Ed. Electa, Neapel 1982
❖ *Roma, i rioni storici nelle immagini di sette fotografi*, Museo di Roma di Palazzo Braschi, Ed. Peliti, Rom 1990
❖ *Laboratorio di Progettazione*, Francesco Moschini (Hrsg.), Cerreto Sannita, 1990
❖ *Archivio dello spazio*, Roberta Valtorta (Hrsg.), Mailand 1993, 1995, 1997
❖ *Lo spirito dei luoghi: quattro fotografi italiani attraverso il Piemonte*, Giovanni Romano (Hrsg.), Silvana Editoriale, Turin 1999
❖ *Atlante 2003*, MAXXI, Rom 2003
❖ *Dura bellezza*, Fotografia – Festival Internazionale di Roma, Rom, 2004
❖ *I giardini del ricordo*, Francesco Faeta (Hrsg.), Fotografia – Festival Internazionale di Roma, Rom, 2007

Einzelausstellungen (Auswahl)

1977 Studio Trisorio, Neapel
1978 Galleria Centro Sei, Bari
1979 *Tempi fotografici*, Galleria Pan, Rom
1981 *Dal segno architettonico al segno fotografico*, Galleria A. A. M., Rom
1986 *Roma, un itinerario nella memoria*, Galerie FNAC, Strassburg
1986 *Il Ponte Flaminio*. Buchhandlung Adria, Rom
1987 *Roma un itinerario nella memoria*, Museo Diego Aragona Pignatelli, Neapel; University of St. Andrews, St. Andrews; Queensland College of Art, Brisbane; Italienisches Kulturinstitut München; u.a.
1988 *Sunshine*, Libro Galleria Ferro di Cavallo, Rom
1993 *L'orizzonte interrotto*, Buchhandlung Agorà, Turin
1994 *Un autore al mese*, MIFAV Universität Tor Vergata, Rom
1995 *Taccuino romano*, L. A. Umberto Boccioni, Mailand
1995 *Perifanie*, Festival von Edinburgh, Edinburgh
1996 *Perifanie*, Galleria Minima, Palazzo Borghese, Rom
1997 *Perifanie*, Universität Mimar Sinan, Istanbul
1999 *Lo spirito dei luoghi*, Accademia Albertina, Turin
2001 *Lo spirito dei luoghi*, Stephen Gang Gallery, New York
2001 *Percorsi di ricerca. Cinquanta marine per Marina*, Buchhandlung Agorà, Turin

2004 *Sogno metropolitano*, Galleria A. A. M., Rom
2008 *Cahier parisien*, Officina al Borghetto Flaminio, Rom

Gemeinschaftsausstellungen (Auswahl)

1977 Galleria Lastaria, Rom
1982 *Napoli, città sul mare con porto*, Capodimonte, Neapel;
1983 *Napoli, città sul mare con porto*, Palazzo Fortuny, Venedig
1983 *La sperimentazione fotografica in Italia*, Galleria Comunale d'Arte Moderna, Bologna
1984 *La giovane fotografia europea*, Neapel
1985 *Esperienze attuali di fotografia e architettura in Italia: professione e ricerca*, Mailand; Palermo
1986 *Cartoline da Napoli*, Istituto Nazionale per la Grafica, Rom
1987 *Narciso*, Libro Galleria Ferro di Cavallo, Rom
1989 *L'insistenza dello sguardo*, Museo Fortuny, Venedig
1990 *Laboratorio di progettazione*, Cerreto Sannita
1990 *Roma. I rioni storici nell'immagine di sette fotografi*, Museo Civico, Palazzo Braschi, Rom
1990 *Effemeride*, Friuli Venezia Giulia Fotografia, Spilinbergo
1991 *Tutte le strade portano a Roma?*, Palazzo delle Esposizioni, Rom
1993 *Archivio dello spazio 2*, Palazzo Isimbardi, Mailand
1995 *Archivio dello spazio 3*, Palazzo Isimbardi, Mailand
1996 *Dagli Anni Santi al Giubileo del 2000*, Museo Civico, Palazzo Braschi, Rom
1997 *1987-1997. Archivio dello spazio*, Triennale, Mailand
1998 *Paesaggi italiani*, Uffizi, Florenz
1998 *Pagine di fotografia italiana*, Galleria Gottardo, Lugano
1998 *Intorno alla fotografia*, Associazione Bruno Danese Jaqueline Vodoz, Mailand; Köln
2002 *Festival della fotografia. Sezione Paesaggio*, Rom
2003 *Atlante 2003*, MAXXI, Rom
2004 *Dura bellezza*, Istituto Nazionale per la Grafica, Rom
2004 *Strade*, Galleria Mascherino, Rom
2006 *I giardini del ricordo*, Rom, Festival della fotografia, Istituto Nazionale per la Grafica.

Arbeiten in öffentlichen Sammlungen (Auswahl)

Istituto Nazionale per la Grafica (Rom), MAXXI (Rom), Gabinetto Fotografico Comunale (Rom), Maison Européenne de la Photographie (Paris), Bibliothèque nationale de France (Paris), Centre Canadien d'Architecture (Montréal), Museo della Fotografia Contemporanea di Cinisello Balsamo (Mailand), Archivio fotografico della Regione Piemonte (Turin), Queensland College of Art (Brisbane), Archivio fotografico del Comune (Neapel), Münchner Stadtmuseum/Sammlung Fotografie (München)

Impressum

Der Katalog erscheint anlässlich der Ausstellung
FORUM 021: Roberto Bossaglia. Eine andere Szene –
un' altra scena"

In Zusammenarbeit mit dem Kulturreferat München,
Künstlerhaus Villa Waldberta in Feldafing.

Herausgeber

Ulrich Pohlmann im Auftrag der Landeshauptstadt
München

Redaktion

Ulrich Pohlmann,
Christin Krause (Stipendiatin der Alfried Krupp von Bohlen
und Halbach-Stiftung im Programm
„Museumskuratoren für Fotografie")

Gestaltung

Lijuba Ekhart
ekhardg@yahoo.it

Digitalisierung

IRFE colore - Roma

© 2010 bei den Autoren und Roberto Bossaglia

ISBN 978-3-934609-11-2

Titelabbildung

Roberto Bossaglia, *Un'altra scena*, 2009

Münchner Stadtmuseum I Sammlung Fotografie
St.-Jakobs-Platz 1, 80331 München, Tel. 089/233-22370
www.muenchner-stadtmuseum.de

künstlerhaus
villa waldberta

Landeshauptstadt
München
Kulturreferat